Fotografías de portada:	Derramaderos, La Corcovada, Cerro Gordo, La Presita, La Enramada, El Peñuelo, Santa Teresa, El Pato y La Cocinera.
Contraportada:	Jazminal, San José de Raíces, Santa Rita del Sotol, La Poblazón, El Epazote, Las Antonias, El Canelo, Presa de Guadalupe (Coahuila), El Mezquite, Cerros Blancos, Santa María, San Cayetano de Vacas, Buenavista, Presa de Guadalupe (SLP), Majoma y El Potrero.
Viñetas:	Los Charcos y Noria de Conos.

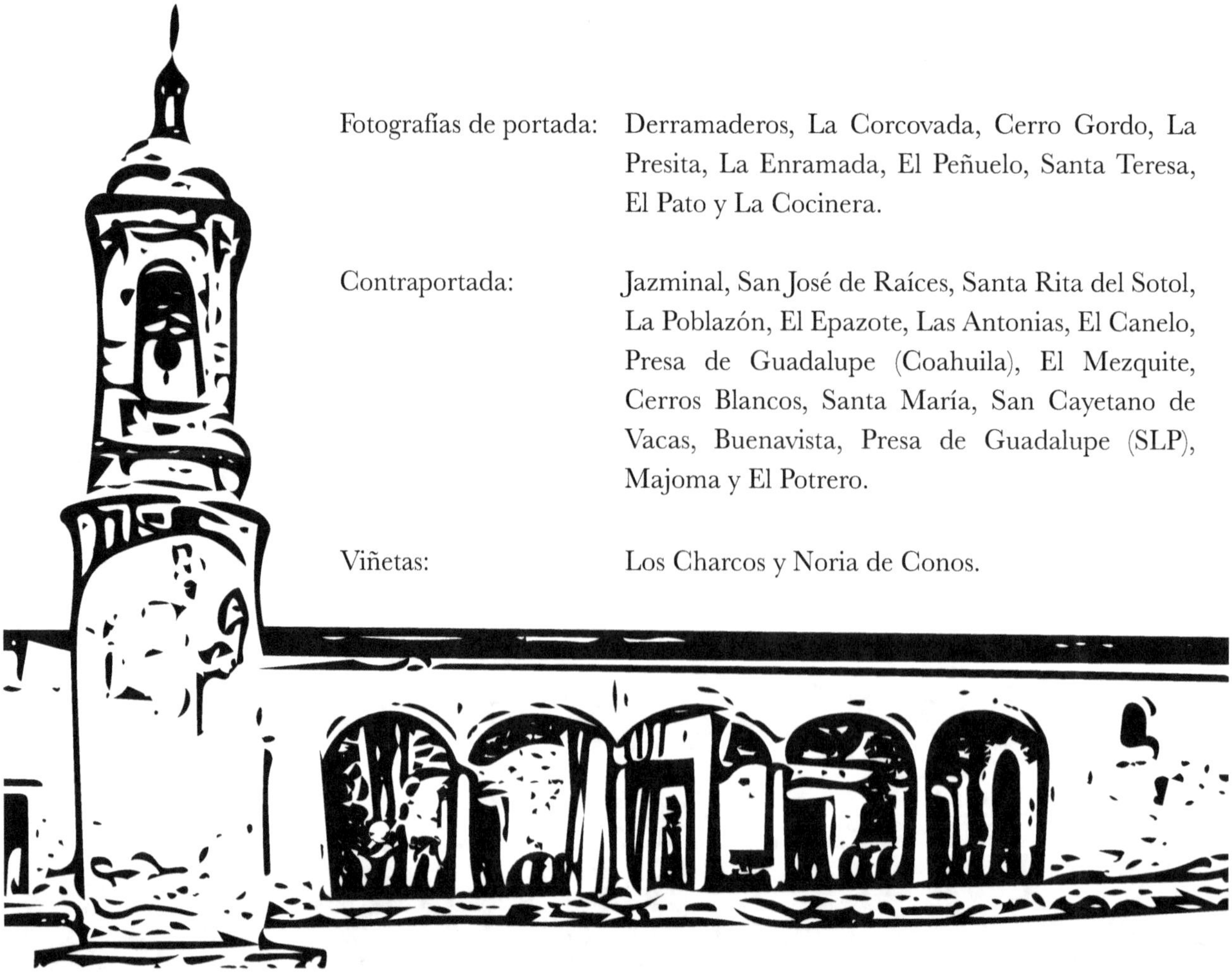

HACIENDAS DEL ALTIPLANO
HISTORIA(S) Y LEYENDAS

TOMO II

DE LA INDEPENDENCIA A LA REVOLUCIÓN

HOMERO ADAME

Haciendas del Altiplano. Historia(s) y leyendas. Tomo II.
De la Independencia a la Revolución

2da. ed. 160 p.
San Miguel de Allende, Gto. México
3ra reimpresión: marzo 2025

Fotografías: Archivo fotográfico de Homero Adame
Fotografías especiales tomadas de Internet:
Página 127: Santos Sainz de la Maza: https://eldatonumismatico.wordpress.com/casa-de-moneda-real-de-catorce/
P. 145: Fábrica de mezcal. Foto tomada del muro en Facebook de Potosineando S.L.P.: https://www.facebook.com/potosiineandoslp/photos/pcb.1119275005110465/1119273191777313
P. 145: José Encarnación Ipiña: https://www.facebook.com/photo/?fbid=3591227204330392&set=pcb.1773489166159080
Diseño editorial: K. Árkviachz

ISBN: 978-607-29-3376-7

Sistema de clasificación Dewey
972 Historia de Mesoamérica (América Media) México

Clasificación comercial internacional - Thema
1. NH Historia. 2. FN Mitos y leyendas narrados como ficción. 3. AM Arquitectura.

Primera edición, 2010
Homero Adame Martínez / Gobierno del Estado de San Luis Potosí y Secretaría de Cultura Programa de Apoyo a la Creación y al Desarrollo Artístico FECA.

HACIENDAS DEL ALTIPLANO
HISTORIA(S) Y LEYENDAS

TOMO II

DE LA INDEPENDENCIA A LA REVOLUCIÓN

HOMERO ADAME

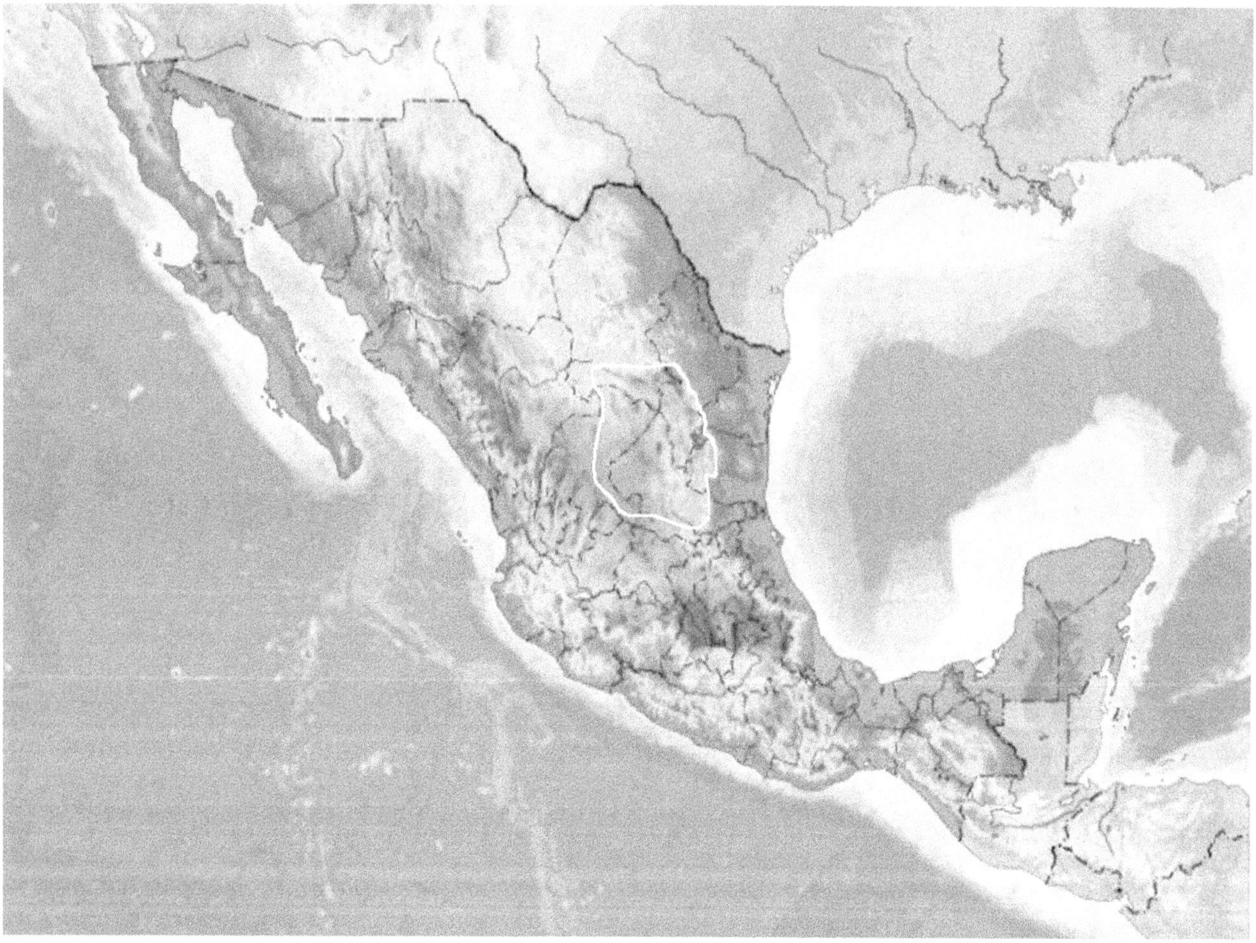

El Altiplano como área de estudio propuesto en este trabajo aparece resaltado en blanco en la adaptación de este Mapa de México.

Vhihladad

Jredstaad urnenqledaadmse kdhan jshudvdartñ
urjvhuukemqaeest,
jredstaad klevnaastjeir uarstq lehts qhldaast,
uqdrat arjduuv kdhan qliimdqistaas.
Jredstaad qrhezñ huhuhumdumñ
derideekem vhiidistem,
amrast jrvhidq kdhan vhiidistem…

K'ij Koyot kdhan Árkviachz

TABLA DE CONTENIDO

INTRODUCCIÓN

El Altiplano

De acuerdo con la geografía nacional, el Altiplano Mexicano –también conocido como Mesa Central de México o Altiplanicie Mexicana– es una región de mesetas altas y semiáridas que al norte inicia en la frontera con los Estados Unidos, al este limita con la Sierra Madre Oriental, al sur con el Eje Neovolcánico y al oeste con la Sierra Madre Occidental. A la altura del Trópico de Cáncer lo atraviesa un sistema de cadenas montañosas, dividiéndolo en dos secciones. A la del sur, con climas templados, se le conoce como la Meseta de Anáhuac y a la del norte, que se caracteriza por su aridez, se le dan diversos nombres, según la zona: Bolsón de Mapimí, Desierto de Chihuahua, Semidesierto zacatecano y Altiplano potosino.

Es precisamente el Altiplano potosino el epicentro del área de investigación de campo que ha dado pie a este proyecto y ha dado luz a dos libros. Debo mencionar que, desde mi perspectiva, el área estudiada no sólo se restringe a los 15 municipios que conforman la zona Altiplano del estado de San Luis Potosí, sino que se extiende a algunos municipios colindantes de Coahuila, Nuevo León, Tamaulipas y Zacatecas.

Definir a este Altiplano dentro de este contexto geográfico tiene como justificación su historia prehispánica, su historia colonial y su cultura, pues a lo largo de los numerosos recorridos que he hecho por toda esta región, que tomo como mi área de estudio, he llegado a la conclusión de que este Altiplano tiene una identidad cultural muy bien definida y un tanto diferente a la de otras regiones del país.

Desde un punto de vista histórico, dentro del horizonte aridoamericano, el Altiplano es donde naciones mayoritarias prehispánicas, como los huachichiles, coahuiltecos e irritilas, al igual que tribus con menor extensión territorial, como los bocalos, naholanes, quiniguas, xanambres y otras muchas, tuvieron su hábitat y desarrollaron sus culturas. Posteriormente, en la época colonial en esta misma región se fundaron grandes haciendas que desconocían límites geopolíticos como existen hoy en día en forma de entidades federativas.

Las haciendas en la época virreinal

Desde la conquista y por más de tres siglos, el reparto de tierras y mercedes en la Nueva España se dio casi exclusivamente entre algunos cuantos peninsulares que se avecindaron en estas latitudes. Conforme descubrían nuevos territorios se los repartían entre sí, muchas veces como premio a una conquista, por entrega de bienes o por un acto valeroso en favor de la Corona. Cuando empezaron a incursionar en el Altiplano, lo hicieron con el afán de buscar yacimientos, dado que para entonces las riquezas minerales eran igual de atractivas para los cazadores de fortunas, los gambusinos y los nobles. Tras seguir avanzando hacia el norte, descubrieron nuevos territorios que si bien no eran ricos en yacimientos, ofrecían la opción de servir como tierras de sustento, de labor o de cría de ganado, y fue así como surgieron las haciendas de campo, cuya producción, en todo caso, era necesaria para abasto y consumo en centros mineros y otros núcleos poblacionales. De tal modo se desarrollaron enormes latifundios y mayorazgos en el Altiplano, repartidos entre pocos propietarios, a menudo emparentados entre sí. Un caso extremo fue el del capitán Francisco de Urdiñola –el mal llamado el marqués de Aguayo por el título nobiliario que nunca ostentó–, quien logró poseer el latifundio más extenso en la época virreinal, éste ubicado en el norte de Zacatecas, Coahuila y otras regiones septentrionales.

A principios del siglo XIX, la inconformidad de los criollos (hijos de peninsulares nacidos en la Nueva España) crecía cada vez más, pues para entonces sentían, con toda razón, que esta tierra les pertenecía y no estaban de acuerdo con tener que pagar tributo a la Corona o que desde España se gobernara indirectamente a través de un virrey. Tal inconformidad dio origen a la guerra de Independencia iniciada en 1810, según la historia oficial. Después de casi 11 años de guerra cuasi fratricida, finalmente se consumó la Independencia, naciendo así una nueva nación: México. A partir de entonces, los grandes latifundios empezaron a fragmentarse, por herencia o por compra-venta, y la mayoría dejó de ser propiedad de españoles para pasar a ser propiedad de criollos o sus descendencias mestizas. Así se dio una reconfiguración en la geografía de la tenencia de la tierra, dando paso a una enorme cantidad de nuevas haciendas de campo y otras mineras. En el Altiplano existen muchísimas de ellas, de las cuales he visitado personalmente alrededor de 150, casi todas de origen virreinal y el resto establecidas con el México independiente.

LAS HACIENDAS A PARTIR DE LA INDEPENDENCIA

Es sabido que muchos de los grandes latifundistas no vivían de tiempo completo en sus haciendas (y en algunos casos ni siquiera las conocieron). De hecho, la mayoría radicaba, por lo general, en las ciudades importantes, dígase Matehuala, Real de Catorce, Saltillo, San Luis Potosí, Zacatecas o la ciudad de México, dejando sus haciendas a cargo de administradores. En el caso de las haciendas más pequeñas, aquellas surgidas a raíz de la Independencia, sí era común que sus dueños residieran en ellas.

La expansión hacendaria del siglo XIX en el Altiplano se dio principalmente en la región norte de San Luis Potosí, en el sur de Nuevo León y en el suroeste de Tamaulipas, donde los grandes latifundios virreinales se habían fragmentado tras disolverse los mayorazgos. Gracias a las bonanzas mineras de Real de Catorce y de La Paz se formaron numerosas haciendas de campo más pequeñas. Por su parte, en lo que podemos considerar como el Altiplano coahuilense –básicamente al sur de los municipios de Saltillo y de Arteaga, así como otras zonas colindantes con Zacatecas– no florecieron haciendas en esa época, sino hasta finales del siglo XIX y principios del XX, cuando aquel extenso latifundio que primero había pertenecido a Francisco de Urdiñola y posteriormente a la familia Sánchez Navarro se dividió entre nuevos propietarios. Algo similar ocurrió en el noreste de Zacatecas, pues era parte del enorme latifundio de los Sánchez Navarro. Sin embargo, con el auge del guayule a principios del siglo XX se fundaron nuevas haciendas.

Cabe añadir que en este siglo, al desvincularse las haciendas de los mayorazgos, cuando se "independizan", surgió el concepto de codueñazgo o copropiedad, el cual aplicó en ciertos casos para la perpetuación indivisa de propiedades privadas. En el Código Civil de 1870 se habla por vez primera del codueñazgo, aunque prevalece el concepto de copropiedad de las legislaciones romana e indiana. Años más tarde, ya entrado el siglo XX, desaparece paulatinamente el término de codueñazgo y se oficializa el de comunidades rurales.

LAS REVOLUCIÓN, EL OCASO DE LAS HACIENDAS

La decadencia de casi todas las haciendas mexicanas sobrevino con la Revolución. Aunque la esclavitud había sido suprimida oficialmente en México, lo cierto es que en las haciendas seguía practicándose. Los peones vivían en y para la hacienda. Las horas de trabajo eran muchas, "de sol a sol", según se dice, sin días de descanso y con salario muy bajo (sin mencionar los malos tratos por mano de los capataces que, en muchas ocasiones, eran del desconocimiento del hacendado). El salario por lo general era recibido y al instante transferido a la hacienda misma a través del sistema de la tienda de raya, pues el trabajador estaba obligado a adquirir los productos que le eran necesarios en esa tienda. El trabajador tenía casa para él y su familia y cuando los hijos alcanzaban cierta edad ingresaban a la fuerza laboral de la hacienda. Por casi 100 años, desde el México independiente, se vivió de esta manera y a lo largo de ese tiempo hubo un descontento generalizado entre la clase trabajadora, esclavizada, y de tal modo sobrevino la Revolución, en este caso de mexicanos o mestizos contra los criollos –aquellos mismos que un siglo antes habían luchado contra el injusto sistema impuesto por sus ancestros.

La Revolución trajo grandes beneficios sociales, acabando finalmente con la esclavitud e incluso con el sistema feudal que aún imperaba en muchísimas haciendas. Años más tarde se dictó la Reforma Agraria o repartición ejidal y aquellas haciendas se fragmentaron en pequeñas fincas que pasaron a ser propiedad de los nuevos ejidatarios, muchos de ellos antiguos trabajadores de las haciendas. Por ley, el casco y pocas hectáreas se respetaron y quedaron en manos de sus dueños registrados antes del agrarismo. Sin embargo, muchos de ellos habían huido o muerto durante la Revolución, por lo que un buen número de estos cascos de haciendas quedaron abandonados, intestados, a merced del vandalismo y, sobre todo, de la destrucción perpetrada por los ahora ejidatarios, posiblemente como consecuencia del odio ancestral que le tenían debido a la subyugación que vivieron sus antepasados.

La Revolución trajo grandes beneficios a la nación, trajo el inicio a la equidad, pero aquellas haciendas tan productivas del pasado dejaron de serlo, por un lado debido a que los nuevos propietarios o ejidatarios renegaron a su herencia laboral, o bien, porque ya no tenían quién los obligara a trabajar de tiempo completo y, además, el gobierno paternalista les ofrecía otro tipo de facilidades y prebendas como manera de ayudarlos a salir de la marginación, demostrándose así, de cierto modo, que el reparto ejidal no había dado resultado.

En muchísimos casos, los lugareños destruyeron las casas grandes o permitieron que gente ajena lo hiciera, incluso llevándose las vigas y la herrería para venderlas por kilo. Lo irónico es que, por falta de experiencia administrativa, también acabaron con su fuente de trabajo, con el sistema tan productivo que había distinguido a las haciendas.

La Revolución trastocó todo el sistema agropecuario mexicano y posteriormente el gobierno se encargó, a través de sus políticas paternalistas y tratados internacionales, de que muchas de las tierras se tornaran improductivas.

El presente de las haciendas

En la actualidad, después de un siglo desde el inicio de la Revolución, son muy pocos los cascos o casas grandes de aquellas haciendas que se conservan en buenas condiciones. Algunos han sido restaurados por los herederos o por los propietarios actuales, quienes las adquirieron por compraventa para uso recreativo o para fines turísticos; otros se conservan porque la comunidad que creció alrededor no los destruyó o porque tienen propietarios, y la mayoría está si no en el abandono sí en la completa ruina puesto que, adicionalmente, los buscadores de tesoros se han encargado de destruir lo que queda en pie –irónicamente buscando un quimérico tesoro cuando en realidad es lo que están destruyendo.

En el Altiplano existen pocos ejemplos de que la antigua casa grande sea ahora un centro cultural (El Refugio, en Charcas, SLP y La Salinera, en Salinas, SLP, aunque éste no fue casco de hacienda propiamente dicha, sino las oficinas de una fábrica salinera) o museos (La Corcovada y Peotillos, ambas en Villa Hidalgo, SLP). Hubo dos casos que albergaron la alcaldía de sus municipios (Cruces, en Moctezuma, SLP y Villa Concordia o San Juan de Salinillas, SLP) y otro que sigue siendo presidencia municipal (El Carro, en Villa González Ortega, Zac.). Han habido casos de escuelas (La Soledad, en Aramberri, NL y San José de Raíces, en Galeana, NL). Ninguna ha sido adaptada como hotel.

El contenido de esta obra

En 1956, Manuel Romero de Terreros, en su libro *Antiguas haciendas de México* hizo un exhorto sobre la necesidad de realizar un estudio detallado de la arquitectura de las haciendas de campo, dígase otrora propiedad de las órdenes religiosas, o bien, de civiles o cabeceras de mayorazgos. Han transcurrido casi 70 años desde la publicación de aquella obra y lo cierto es que se han hecho pocos estudios al respecto y tampoco se ha trabajado a fondo la historia de las haciendas y menos la historia oral y la tradición oral que perviven en las mismas. Nunca es tarde para hacerlo, sobre todo si tomamos en cuenta que cada vez hay más cascos de haciendas que se van a la ruina y cada vez hay menos ancianos que puedan compartir sus testimonios, sus recuerdos.

En algunos estados, como en San Luis Potosí, hay interés de las delegaciones del INAH para hacer registros de estos monumentos, incluyendo fotografías o bocetos de la arquitectura. En tiempos más recientes, veo con beneplácito que hay interés de investigadores por la parte histórica y cada vez hay más tesis de maestría o doctorado en el tema, mientras que la historia oral y las leyendas siguen relegadas.

Sin embargo, cada quien hace lo que puede y, de tal manera, todos juntos contribuimos a rescatar la riqueza cultural de las haciendas. En mi caso particular, debo aclarar que no soy arquitecto ni historiador, que mi formación académica es la arqueología, pero ahora hay quienes me llaman "arqueólogo de la memoria colectiva" por mi interés en la tradición oral y por las publicaciones que he hecho en torno a la oralidad, dígase leyendas, relatos, cuentos, anécdotas o historia oral.

Para esta segunda edición de la obra originalmente publicada en 2010, hice una reestructuración de contenido, agregué material inédito para quedar en 25 haciendas de las más de 150 que visité, esas que tuvieron su origen en la época virreinal, pero que se fragmentaron con el México independiente y dieron pie al surgimiento de nuevas haciendas, esas que tuvieron un esplendor de 100 años aproximadamente, pues posterior al tiempo de la Revolución se disolvieron con la Reforma Agraria. (Un primer tomo de este trabajo se titula precisamente *Haciendas del Altiplano, historia(s) y leyendas. Grandes latifundios virreinales.*)

Cada capítulo de la obra está estructurado de la siguiente manera:

- Ficha informativa general del casco hacendario.
- Descripción arquitectónica y las condiciones del casco hasta 2010.
- Breve reseña histórica.
- Sección de fragmentos de oralidad.
- Una o dos leyendas que tienen a la hacienda como escenario.
- Fotografías seleccionadas.

Historias, anécdotas, testimonios e historia oral en las ex haciendas

La historia oficial, maquillada y utilizada por los gobiernos para propaganda o inducción nacionalista, se puede concebir como una construcción política de la realidad. Este tipo de historia tiende a borrarse de la memoria colectiva, aunque sí queda documentada para referencias futuras de investigadores. La memoria colectiva de cada cultura no suele narrar, necesariamente, este tipo de historia, y tal vez no lo hace porque el impacto político de los eventos no le interesa, o bien, porque carece de dramatismo al tratarse de una historia fría, de fechas, datos, hechos reales o ficcionalizados. En cambio, la historia oral, o la expresión de una construcción social de la herencia cultural, es aquella que muchos investigadores e historiadores sólo ven de soslayo. Ésta es la historia que perdura en los pueblos, en las comunidades, en la memoria colectiva de los habitantes, y perdura porque son ellos mismos quienes transmiten, de generación en generación, sus versiones de la historia; las transmiten recordándolas, adaptándolas, interpretándolas y, de esta manera, hacen que evolucione dinámicamente. Aunque sea factible cuestionar cuán veraz pueda ser la historia oral, pues los relatos tienden a enriquecer la historia, cambiándole algunos datos, fechas, nombres, lo cierto es que, por lo general, la esencia de esa "historia socio-cultural" es la que pervive. Ésta no es la historia documentada ni la que investigan los eruditos y los especialistas, sino la que narran los mismos miembros de una comunidad quienes, a través de sus recuentos, reconstruyen su propia realidad histórica y social, su cultura, su identidad. Por decirlo de otro modo, la historia oral se puede definir como una entidad viva más que inerte porque no ha sido manipulada conscientemente.

En lo que concierne a las haciendas, hay muchos casos cuya historia documentada es inexistente, pues los archivos fueron destruidos o están perdidos. Sin embargo, gracias a las anécdotas y a la historia oral podemos reconstruir algunos pasajes históricos, aunque los fragmentos sean interpretaciones o versiones personales del narrador y puedan contener errores de fechas o de nombres. Gracias a este tipo de historia trasmitida oralmente podemos conocer un poco más de aquellos lugares que dieron origen a comunidades y pueblos, gracias a ella tenemos la oportunidad de imaginar cómo se vivía en el pasado. Gracias a ella, incluso nosotros mismos seguimos contando las historias de antaño.

Homero Adame
SMA, Guanajuato

BUENAVISTA

Ubicación:	Buenavista, municipio de Guadalcázar, SLP.
Distancias:	125 km al noreste de la capital del estado.
	40 km al oriente de la cabecera municipal.
Giro económico:	Agrícola e ixtlero.

Descripción arquitectónica y condiciones hasta 2010

El conjunto principal del casco de esta hacienda es enorme, tipo fortaleza, con altos y sólidos muros de piedra y cuartón (material también conocido como cuarterón o sillar). La larga fachada, ahora sin ornamento debido al abandono y deterioro, es de un solo nivel, con puertas y ventanales, todas con marcos y dinteles de cantera labrada. La puerta principal presenta un arco de medio punto. Al frente quedan vestigios de jardineras hechas también de piedra.

Este conjunto, orientado hacia el norte, tenía la tienda de raya y áreas sociales en la parte frontal. En el interior había un extenso jardín central que posiblemente estuvo rodeado por arquería techada sobre los corredores. Al lado poniente estaban las áreas de servicio; sólo quedan vestigios del fogón de la cocina; cerca de allí se ve la entrada a un sótano, el cual servía como alacena. Hacia el sur, subiendo por una escalinata doble, estaban las habitaciones principales, unas independientes y otras conectadas entre sí. Hacia el lado oriente se encontraban los cuartos de los empleados domésticos, así como la casa del administrador. Hasta hace pocos años algunas habitaciones del frente estuvieron en uso como comercios y una escuela. Tienen techos de lámina que ya se han caído. Algunos ventanales aún conservan las rejas antiguas.

La capilla, dedicada a Nuestra Señora del Carmen, está orientada hacia el poniente, como un anexo del conjunto principal. Tiene una sola nave que fue remozada hace algunos años. La fachada, sobre una escalinata tipo piramidal, presenta un arco de medio punto y una espadaña que sirve como campanario. El interior es muy austero.

Hacia el oriente está el conjunto de las trojes, también enormes, hechas de piedra y cuartón, con techos de dos aguas y contrafuertes. Un poco separado de este conjunto estaban los corrales.

Nota: La fiesta patronal se celebra el 16 de julio. Otras fiestas importantes son la dedicada a San Isidro Labrador, el 15 de mayo, fecha en la cual también festejan a la Santa Cruz (normalmente, esta fiesta es el 3 de mayo en casi todo el país).

Reseña histórica

Se desconoce la fecha de fundación de este lugar como estancia del enorme latifundio de San Agustín de los Amoles. Tampoco hay muchas menciones o referencias históricas.

1843: Domingo Rascón Cuéllar-Girón, originario de El Salvador, quien había sido administrador y fiador de la Compañía Arrendataria del Estanco del Tabaco, compra las haciendas de San Ignacio del Buey y de San Agustín de los Amoles con sus anexas.

1844: Tras sortear un litigio, Domingo Rascón toma posesión de los bienes adquiridos. En ese tiempo, teniendo a José María Barragán como administrador, Rascón dividió San Agustín de los Amoles para crear la hacienda de Buenavista.

1850: En vida, Domingo Rascón pone la hacienda de Buenavista a nombre de su hijo José Antonio Rascón Altamirano, nacido en la ciudad de México en 1840.

1857: Durante la Guerra de Reforma, el general Juan José de la Garza llega a Buenavista después de haber atacado infructuosamente diversos poblados entre San Luis Potosí y Ciudad del Maíz. No se especifica si hubo aquí alguna batalla o simplemente este hombre y su tropa se detuvieron para descansar y aprovisionarse robando lo que pudieran encontrar.

1876: El 25 de marzo, Ignacio Martínez y Manuel González se sublevan en el rancho Los Cuates, perteneciente a la hacienda de Buenavista, para anexarse al Plan de Tuxtepec elaborado por Porfirio Díaz.

19--: José Antonio Rascón Murguía hereda de su padre la hacienda de Buenavista.

1913: El 25 de julio, llegan a Buenavista fuerzas revolucionarias encabezadas por Higinio Olimpo, Saturnino Cedillo y Alberto Carrera Torres. Estuvieron aquí hasta el día 28, cuando se fueron con el propósito de atacar Tancanhuitz.

1929: La Reforma Agraria, que inició en el municipio de Guadalcázar en 1923, ahora toma efecto en las haciendas de Buenavista, La Ventana y San Ignacio. La primera etapa del reparto ejidal en estas ex haciendas concluye en 1935.

HISTORIAS, ANÉCDOTAS, TESTIMONIOS E HISTORIA ORAL

1. Se dice que hay varios túneles que conectan la casa grande con otras partes. Uno de ellos tiene entrada a lo que parece haber sido la cocina antigua de la hacienda y sale en los cerros. Cuando empezaron a construir la hacienda, los dueños sabían que tenían que protegerse de los nativos porque eran muy hostiles y asaltaban la hacienda con el propósito de robar alimento y también destruirla con fuego. Otro de los peligros eran las gavillas que siempre robaban lo que pudieran, principalmente en las haciendas. Y por si fuera poco, cuando había guerras, como la revolución cedillista, las haciendas llevaban la peor parte. Por eso, los dueños ordenaron que hicieran un túnel muy largo que va a salir en los cerros, un poco retirado de la casa grande, y así poder escapar en caso de ser necesario.

2. A principios del siglo pasado hubo una sequía muy larga. El dueño de la hacienda habló con mucha gente y le dijeron que el santo más milagroso para traer las lluvias era San Isidro Labrador. El hacendado fue a México y compró una imagen nueva de San Isidro. La trajo y aquí hicieron una procesión por todos los terrenos de la hacienda y a los pocos días empezó a llover y nunca más hubo sequías como aquella.

» » En la actualidad siguen venerando a San Isidro Labrador y le piden las lluvias cuando son escasas. Sin embargo, la imagen que tienen ahora en el templo es relativamente nueva, donada por un lugareño que vive en los Estados Unidos. No se sabe qué sucedió con la imagen original.

3. Cuando empezó la Revolución, en esta hacienda hubo problemas con los carrancistas. El hacendado se había llevado a su familia a vivir a San Luis Potosí y no estaba presente cuando un grupo de hombres a caballo llegó a asaltar la casa grande. Mataron a varios trabajadores. El capataz, que no era un hombre muy querido por los peones, reunió a todas las mujeres y a los niños y él mismo los llevó por un túnel para salir en lugar seguro allá por los cerros, un lugar que no estaba

a la vista desde la casa grande. Como aquel capataz conocía muy bien el túnel, después de que entraron todas las personas cerró la puerta por adentro y no hubo manera de que los carrancistas pudieran meterse para seguirlos. De tal modo, él salvó a mucha gente.

4. Uno de los últimos dueños, después de la Revolución, decidió hacer un cambio en la producción agrícola de la hacienda, pues para entonces se levantaban buenas cosechas de maíz y frijol por doquier. Por eso optó sembrar calabaza y alguna variedad de chile. Le dio muy buenos resultados porque era de los pocos productores que abastecía al mercado en San Luis Potosí. Sin embargo, para su desventura se dejó venir la revolución cedillista que arrasó con muchas de las haciendas en la región. Los cedillistas, aparte de robar todo lo que hubiera en los graneros y corrales, también incendiaban los campos de labranza. A partir de aquel evento, este hacendado prefirió vender su propiedad que ya para entonces estaba muy disminuida en territorio por causa de la repartición ejidal.

5. Los Carrera Torres planearon formar una colonia agrícola que fuera operada desde el casco de Buenavista. El proyecto no se concretó porque los cedillistas habían incendiado las labores y los campos.
6. Aunque geopolíticamente pertenece al municipio de Guadalcázar, la gente de Buenavista siempre ha sentido más afinidad con los pobladores de Cerritos. En la época productiva de la hacienda, muchos cerritenses trabajaban aquí e iban a ver a sus familias en los días de descanso. Además, la hacienda comerciaba sus productos más con Cerritos que con Guadalcázar.
7. En los últimos años de la hacienda hubo mucha talla de lechuguilla porque así lo dispuso el hacendado. A partir de la reforma agraria, la gente tuvo oportunidad de contar con su propia parcela de cultivo, pero, de todos modos, muchos siguieron tallando porque en aquellos años el ixtle tenía muy buen precio en el mercado. La fibra de lechuguilla dio riqueza a mucha gente hasta que decayó el interés por este producto cuando empezaron a producirse de manera industrial las fibras sintéticas que sustituyeron a las naturales. En esa región todavía hay talladores, pero a muy baja escala.
8. Una familia local adaptó varios cuartos del frente del conjunto principal del casco para uso habitacional. Como los techos originales se habían desplomado, pusieron techos de lámina. Esas personas vivieron allí mucho tiempo hasta que, en una ocasión, por causa de un cirio prendido, se incendió esa parte de la propiedad y desde entonces ha estado abandonada.

» » Otra versión cuenta que lo del cirio que provocó un incendio fue cierto, pero eso ocurrió en otros cuartos, también con techos de lámina, donde se reunían los ejidatarios para tratar asuntos de trabajo.

9. Hace varios años, un lugareño animó a la gente a construir una escuela, aprovechando algunos cuartos de la casa grande de la hacienda. Todos estuvieron de acuerdo y cooperaron económi-

camente para arreglar lo que sería la escuela. Sin embargo, nunca consiguieron los permisos por parte de la Secretaría de Educación General del Estado, la cual no envió maestros y, además, el lugareño se fue de la comunidad con el resto del dinero.

10. Hace algunos años llegaron unas personas de San Luis Potosí y hablaron con el comisario, a quien le pidieron permiso para escarbar adentro de la casa grande porque alguien les había dicho que había un tesoro. El comisario estuvo de acuerdo, siempre y cuando compartieran parte del hallazgo con la comunidad. Aquellas personas estuvieron dos o tres días trabajando en las excavaciones y durmiendo adentro de la casa. Una mañana ya no estaban allí, se habían ido sin haber dicho cuándo volverían. Se cree que posiblemente encontraron el tesoro y, con tal de no compartir, prefirieron irse.

Leyenda

La imagen de la virgen del Carmen

Contaba mi papá que la imagen de la virgen del Carmen la trajeron de España. Parece que el hacendado mismo hizo un viaje especial hasta España para comprarla porque su mujer era muy devota a esta virgen y ella la quería aquí como patrona de la hacienda. Contaba mi papá que cuando llegó la imagen, venía en una caja muy grande y muy bien empacada; llegó en una carreta. El templo de la hacienda ya estaba construido y mandaron traer al obispo de San Luis para que bendijera la imagen y el templo. Hubo una fiesta muy grande y muy bonita y la imagen siempre fue muy venerada por toda la gente, porque los trabajadores tenían permiso de entrar al templo y adorar la imagen.

Una vez la imagen desapareció. En la mañana que llegaron a abrir el templo, no la encontraron. Contaba mi papá que no había señales de que alguien se hubiera metido a robársela, o sea que no forzaron la puerta ni rompieron el candado. Entonces mucha gente pensó que ella había desaparecido porque ya no quiso estar aquí. A los pocos días alguien se enteró de que la imagen de la virgen del Carmen estaba en un ranchito que se llama San Antonio de Pozos. La gente de aquí fue para allá a preguntar y fue como se enteraron que unos hombres de aquel lugar vinieron a Buenavista a llevarse la imagen porque la querían para ellos. Hubo mucho alboroto y mandaron traer policía de Guadalcázar. Parece que a los hombres los metieron a la cárcel y sí confesaron que se habían llevado la imagen porque era como el pago de una manda, pero dijeron que no se le querían robar, sino que la iban a devolver otro día. Nadie les creyó esto, pero de todas maneras siempre quedó así como un misterio que la puerta estuviera cerrada con candados y no hubiera señales de que la hubieran forzado cuando entraron a sacar la imagen. Los hombres dijeron que cuando llegaron en la noche a Buenavista la puerta de la capilla estaba abierta y que no batallaron en bajar la imagen de la virgen y llevársela en una carreta.

Ana María Rojas

CERRO GORDO

Ubicación:	Lázaro Cárdenas, municipio de Tula, Tamaulipas.
Distancias:	135 km al suroeste de Ciudad Victoria.
	80 km al poniente de la cabecera municipal.
Giro económico:	Cría de ganado menor e ixtlero.

Descripción arquitectónica y condiciones hasta 2010

El casco de esta hacienda está muy concentrado. El conjunto de la casa grande tiene aspecto de haber sido una fortaleza cerrada muy sólida. Es rectangular, con casetas de vigilancia en las cuatro esquinas. La construcción es de adobe recubierto con aplanados. Se observan algunas alteraciones posteriores al estilo original, principalmente en los marcos de las puertas y ventanas, que estuvieron revestidos de cantera. El frontón muestra una espadaña con un campanario rematado con una especie de linternilla que no corresponde al templo, ubicado éste al fondo de la casa. La mayoría de los techos se han desplomado, habiendo sido éstos, atípicamente, de dos aguas, aunque parezcan de media caña.

Varios cuartos al frente en algún tiempo se utilizaron como comercio o casa-habitación. Existe un patio central con una pila circular de piedra, poco profunda. Alrededor del patio hay más habitaciones y trojes pequeñas, quizá como almacén familiar. Al fondo se encuentra la capilla, en ruinas. En la parte trasera del altar había un nicho y en el piso se ve un hoyo, seguramente abierto por los buscatesoros. No se sabe si encontraron algo, pero se especula que bien pudieron haberse llevado las ofrendas depositadas en la base de la primera piedra cuando se levantó la capilla, que estuvo dedicada a la Virgen de Guadalupe. La capilla es sorprendente por una serie de puertas y arcos apuntados u ojivales, incluyendo el altar.

Hacia el norte, extramuros, hay varias construcciones en ruinas. Allá estuvo la tallandería, con las pilas para lavar el ixtle y hervir la fibra de palma. También hay restos de trojes y los establos antiguos.

Nota: El estilo "gótico" no fue muy popular en los cascos de haciendas del norte de México debido a la trascendental influencia española. No obstante, éste en Cerro Gordo es un digno ejemplo del gran eclecticismo que hubo en la arquitectura colonial y posterior en cuanto a las haciendas se refiere. Los arcos apuntados u ojivales (también llamados "góticos") de este singular caso fueron diseñados y realizados por un maestro albañil de nombre Atilano, quien construyó muchas propiedades en Tula, en el siglo XIX.

Reseña histórica

1612: Diego Fernández de Córdoba, marqués de Guadalcázar, recibió la autorización de iniciar la conversión de los huachichiles de Cerro Gordo, la cual fue un fracaso rotundo, como había sucedido antes y ocurrió después en otras regiones que eran territorio natural de aquella numerosa tribu. Este marqués se convirtió en virrey de la Nueva España precisamente ese año, y terminó su mandato en 1621. Él fue quien fundó Guadalcázar, SLP en 1620.

Siglos XVII y XVIII: No parece haber datos de quién o quiénes hayan sido los dueños de estas tierras en estos siglos, pero dada su ubicación es muy probable que hayan pertenecido al Fondo Piadoso de Californias que, hasta 1767, operó en esta región dos grandes haciendas contiguas: San

Agustín de los Amoles (municipio de Guadalcázar) y San Ignacio del Buey (en la Huasteca tamaulipeca y potosina).

1874: Carlos Tovar (quien había sido gobernador interino de San Luis Potosí en 1868) vende su hacienda de Presa de Guadalupe y anexas a Manuel Rascón Altamirano (1826-1892). El paquete incluyó Cerro Gordo y La Viga, en el municipio de Tula, Tamps., que dejan de ser estancias para convertirse en haciendas. Los Rascón también fueron dueños de San Agustín de los Amoles y otras haciendas en la Huasteca, como la de Rascón en el municipio de Tamasopo.

1892: Fallece Manuel Rascón, dejando como heredero a su hermano José Martín, quien vende Cerro Gordo y otras tierras a Federico J. Meade (1847-1909), un connotado arquitecto potosino y terrateniente en Tamaulipas.

1930: Joaquín Meade Trápaga (1896-1971) es el legítimo propietario.

1936: Se forma el ejido Lázaro Cárdenas al expropiar tierras de Cerro Gordo.

2018: El casco de Cerro Gordo pasa a formar parte del Patrimonio Histórico Artístico Edificado del Estado de Tamaulipas.

Historias, anécdotas, testimonios e historia oral

1. Antes de que fuera hacienda, el rancho de Cerro Gordo tenía unas cuantas trojes y casas. No era un lugar muy productivo porque lo asolaban dos grupos nativos: los huachichiles y los naholanes (también llamados mecos). Los primeros robaban ganado principalmente, mientras que los segundos quemaban las instalaciones.
2. En las cuatro esquinas de la propiedad había fortines o ventanas muy altas (todavía se ven los restos en la esquina sur). Éstos fueron construidos así porque era un modo de protegerse primero contra los huachichiles que asolaban esta región, luego de las gavillas y finalmente de los revolucionarios. Cada ventana o fortín era custodiada por un hombre armado, quien tenía licencia para disparar a cualquier persona que se aproximará de manera sospechosa.
3. Aunque a principios del siglo XX la hacienda era netamente ixtlera, el hacendado tenía un acuerdo con sus trabajadores, a quienes les permitía sembrar maíz en parcelas destinadas a cambio de que le dieran la mitad de la producción. Parecía ser un acuerdo equitativo, pero se cuenta que el trabajador que no cumplía con la cuota era castigado por mano del capataz, quien lo encerraba en un cuarto atrás de la tienda de raya y lo golpeaba con un cabresto hasta dejarlo marcado con cicatrices de por vida. Este mismo castigo aplicaba a los peones que no cumplían con su cuota semanal de ixtle. La mitad del maíz cosechado que pertenecía al trabajador era exclusiva para su consumo y de su familia. No estaba permitido el trueque ni la venta, excepto si ésta se hacía directamente a la tienda de raya.

   Si algún empleado se revelaba por las condiciones de trabajo, después de tres castigos supuestamente lo corrían de la hacienda, pero lo cierto, según dicen, es que el capataz ordenaba que lo mataran, mientras que a la familia la expulsaba de la hacienda y de los territorios del hacendado.
4. Cuando inició la Revolución, los hacendados no se presentaron por varios años y sólo recibían noticias por cuenta del administrador. Por su parte, muchos trabajadores inmediatamente se unieron a la revuelta, aunque por temor no atacaron el casco. Se cuenta que los hacendados jamás volvieron

y que al capataz lo mataron los cedillistas cuando pasaron por aquí porque se negó a darles alimento a los caballos.

5. Una vez llegaron varios hombres a caballo, diciendo que eran de la cordada. Pidieron alojamiento en la casa grande y se los dieron. Sin embargo, a la mañana siguiente encontraron a los trabajadores amordazados, quienes dijeron que aquellos hombres habían saqueado la tienda de raya.
6. Antonio Carrera Torres decía, a viva voz, ser el dueño de Cerro Gordo, aunque nunca pudo presentar los títulos de propiedad. Como tenían intervenida la hacienda en los años 20, había un administrador llamado Enrique Gámez que acaparaba toda la lechuguilla que se tallaba en los alrededores.
7. Se dice que el dueño era el general Francisco Carrera Torres (1892-1960), originario de Tula, Tamps. y que el administrador era Filiberto Sustaita.
8. Después de la repartición ejidal, no hubo descendiente o heredero de los hacendados que reclamaran el casco como suyo.
9. Cuenta Alejandra Camacho que, en 1948, su padre compró a una nieta de los Meade el casco de Cerro Gordo.
10. La gente de antes decía que si alguien comía cebolla se perdía en el monte. Se supone que esta creencia fue implantada por los hacendados para que sus trabajadores no comieran cebolla y, por ignorancia, éstos creían aquello. En Lázaro Cárdenas muchos recuerdan tan singular superstición, pero ignoran su verdadero origen. No obstante, afirman que nadie se perdió en el monte por haber comido cebolla.

LEYENDA

EL AHORCADO

De leyendas, de leyendas… yo me sé una que contaban de la hacienda que está en Lázaro Cárdenas. Mi abuela era de allá y nos platicaba muchas historias. Esa leyenda dice que hace un chorro de años, cuando la hacienda que le digo ya estaba abandonada, una mañana encontraron a un hombre ahorcado en un cuarto adentro de la casa. Era un desconocido y nadie del pueblo supo cómo llegó ni por qué terminó ahorcado o quién lo mató. Lo único que sí supieron es que fue a buscar un tesoro; es que junto a un hoyo no muy profundo en ese cuarto estaban tres palas. Toda la gente concluyó que el ahorcado no anduvo solo buscando el tesoro, sino con por lo menos dos compañeros más; eso por las tres palas y las diferentes huellas de zapatos en la tierra.

En aquel entonces se rumoraba mucho de que adentro de la hacienda espantaban, que en las noches se oían ruidos muy feos, de ultratumba. Las gentes de allá, no sé si por precavidos o por miedosos, no se atrevían a escarbar para ver si sacaban el tesoro, pero por pláticas decían que estaba encantado y que debía estar clavado en el rincón de algún cuarto, o a lo mejor en un túnel que supuestamente tiene conexión con otras haciendas.

Total, encontraron a aquel hombre ahorcado y dijeron que seguramente lo mataron sus compañeros para no repartirle su parte, pero también dijeron que se ahorcó porque se asustó tanto con un espanto. Y lo del túnel es así como otra leyenda, creo yo, pero lo del tesoro… a lo mejor ése si se lo llevaron los compañeros de ahorcado.

José Luis Moreno

CERROS BLANCOS

Ubicación:	CERROS BLANCOS, municipio de MIER Y NORIEGA, NL.
Distancias:	380 km de Monterrey.
	8 km al poniente de la cabecera municipal.
Giro económico:	Agrícola e ixtlero.

DESCRIPCIÓN ARQUITECTÓNICA Y CONDICIONES HASTA 2012

El casco de esta hacienda por un lado presenta el conjunto de la casa grande, de tipología horizontal con un solo nivel. La fachada muestra elementos decorativos muy sobrios, con marcos de cuarterón en las puertas rectangulares sin dinteles. En el interior había puertas con arcos de medio punto, posiblemente hacia lo que eran los jardines. Integrada a la casa principal estaba un área de servicio y de habitaciones para la servidumbre. Al fondo había un huerto, según recuerdan algunas personas. Aunque casi todo está en ruinas, partes de la casa grande fueron readaptadas para uso habitacional por cuenta de familias locales.

Por otro lado, hacia el sur quedan restos de una construcción donde estuvo la tienda de raya y la casa del administrador. Una calle la separa de unas trojes, las cuales están en completa ruina, sin techos y cayéndose las recias paredes. Frente a la casa grande se ven pilares de piedra que algo sostenían, sin que se sepa qué.

Los antiguos corrales están en desuso, mientras que algunas construcciones aledañas, posiblemente viejas casas de los trabajadores, sirven ahora como casa-habitación de otras familias. Las pailas donde se hervía la fibra de palma fueron destruidas; éstas se encontraban en un punto conocido como "el tanque viejo".

El templo, dedicado a Jesús de Nazareno, se conserva en buenas condiciones y es parte de la comunidad. A juzgar por su estilo, y quizá por haber sido construido en una troje, es de pensarse que sea posterior a la casa grande. Tal vez date de finales del siglo XIX. Presenta un pórtico rectangular de dos plantas, con cuatro columnas de estilo dórico toscano y cuatro pilastras adosadas. Tiene dos campanarios a los lados; el del norte con dos campanas y el del sur con una sola. En el segundo piso hay un balcón, elemento poco común, y se cree que servía para efectuar misas al aire libre. Se dice que, antiguamente, la iglesia tenía pisos de madera.

Nota: Por la fachada del templo, principalmente debido al balcón en el segundo piso, se puede especular que allí era la casa del hacendado, algo que la historia oral no puede corroborar o desmentir.

RESEÑA HISTÓRICA

Siglo XVIII: Algunos datos históricos señalan que estos territorios pertenecían al mismo dueño de las haciendas Albarcones y La Soledad. Seguramente se trata de Diego de Rul y Calero (1762-1812), el 1er conde de Rul, quien tenía ésta y otras haciendas en el Altiplano potosino, al igual que infinidad de ranchos y estancias. En esa época llegaron personas a la región con el propósito de explotar el maguey para la elaboración de mezcal. Lo que no se sabe con certeza es si Cerros Blancos era un rancho o una estancia de Albarcones o de La Soledad.

1812: Al morir Diego de Rul durante una batalla insurgente, su esposa María Ignacia Obregón Barrera (1775-1828) heredó estas haciendas.

1828: Muere María Ignacia Obregón Barrera. Todos sus bienes fueron repartidos entre sus dos hijos, Manuel y Victoria de Rul Obregón. Ella estaba casada con Juan de Dios Pérez Obregón, 2do conde de Pérez-Gálvez. Su padre para entonces era dueño de algunas haciendas en la región, como La Soledad y El Potosí.

1850: Se menciona la hacienda de Cerros Blancos siendo José María Pompa Soto el dueño. Él fue un acaudalado comerciante de Matehuala que también poseía la hacienda de Boquillas, en las cercanías de Doctor Arroyo. En 1857 contrajo matrimonio con Dolores Huerta Careaga.

1862: El 4 de septiembre, muere José María Pompa. Su viuda Dolores Huerta se convirtió en la heredera universal y, por añadidura, en propietaria de Cerros Blancos.

1864: Dolores Huerta, viuda por segunda ocasión, se casa en la Ciudad de México con el coronel Miguel Baigén Martínez, originario de Veracruz quien había llegado a Matehuala en julio de 1863 como jefe político y militar. Gracias a ese matrimonio, Baigén se convirtió en el dueño de Cerros Blancos y otras haciendas y ranchos. Su latifundio llegó a tener más de 72,000 has y se extendió hasta el sur de Coahuila; en 1892, la hacienda de Encarnación de Guzmán estaba registrada a su nombre.

1869: El 10 de junio, llega a Matehuala un mozo de Cerros Blancos para notificar a doña Dolores Huerta que la hacienda fue saqueada por una gavilla que había hecho desmanes días antes en Rioverde; se llevaron cuanto pudieron y vaciaron la tienda de raya.

1867-1872: Hay mucha presencia militar en Cerros Blancos por causa de los saqueos perpetrados por las gavillas y también por enfrentamientos entre grupos antagonistas provenientes de Nuevo León y San Luis Potosí.

1872: El 26 de marzo, Miguel Baigén recibe noticias de que sus haciendas El Fraile y Cerros Blancos habían sido embargadas y saqueadas por el general Viviano Hernández, mientras que la de Encarnación (al sur del municipio de Saltillo) había sido tomada y saqueada por el general Naranjo.

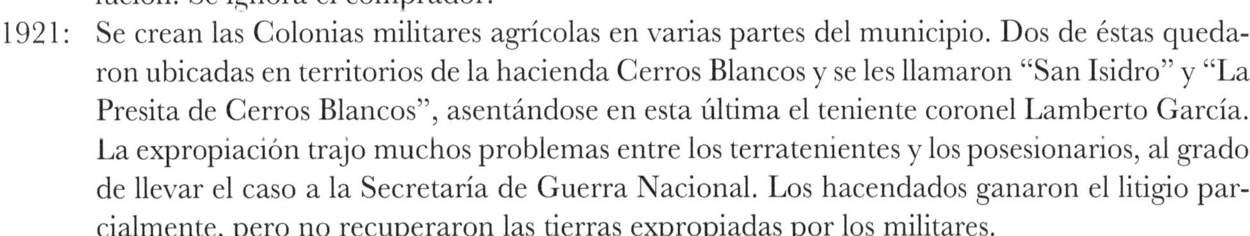

Siglo XX: Atanasio (o Anastasio) Travanco es el dueño a principios de este siglo.

1912: Travanco decide vender la hacienda debido a los problemas suscitados con la Revolución. Se ignora el comprador.

1921: Se crean las Colonias militares agrícolas en varias partes del municipio. Dos de éstas quedaron ubicadas en territorios de la hacienda Cerros Blancos y se les llamaron "San Isidro" y "La Presita de Cerros Blancos", asentándose en esta última el teniente coronel Lamberto García. La expropiación trajo muchos problemas entre los terratenientes y los posesionarios, al grado de llevar el caso a la Secretaría de Guerra Nacional. Los hacendados ganaron el litigio parcialmente, pero no recuperaron las tierras expropiadas por los militares.

19--: Los hermanos Luis y Rubén Martínez adquieren Cerros Blancos. Como ellos eran propietarios de una fábrica de jabón en la Ciudad de México, aprovecharon el amole de lechuguilla que crecía de manera natural en los territorios de la hacienda para así incrementar su producción jabonera.

» » La historia también consigna a Mateo Uresti como mayordomo de la hacienda, tal vez en el tiempo de los hermanos Martínez. Él había llegado de San Salvador, Zacatecas, y es posible que haya tenido parentesco con los hacendados de Sagrado Corazón, en El Peñuelo, municipio de Galeana, NL, pero vecina de San Salvador.

193-: José y Rubén Martínez heredan el casco y lo que restaba de la hacienda. Se dice que perdieron la finca por embargo; después nadie la reclamó como de su propiedad.

1940: El censo de población menciona a Cerros Blancos como ejido. Ese año se registraron 281 habitantes, cuando en 1900 había 654.

Historias, anécdotas, testimonios e historia oral

1. Según se dice, el casco de esta hacienda estaba amurallado por una barda que lo rodeaba en su totalidad. Esa barda perimetral ya no existe; sólo quedan algunos pilares. Las construcciones eran de adobe y piedra básicamente.
2. El casco de esta hacienda tuvo dos etapas. Las ruinas actuales son del segundo que se construyó sobre el original, tal vez más pequeño y de estilo primitivo, toda vez que en aquel tiempo Cerros Blancos no era hacienda sino estancia de Albarcones o de La Soledad.
3. Cuentan que un general de apellido Quintanilla pretendía fusilar a Miguel Baigén cuando se enteró de que vivía en Cerros Blancos. Dolores Huerta, la propietaria, imploró que lo indultara, a lo cual el general aceptó, pues ella se comprometió a pagar en oro el peso de su marido.

Notas: 1. Otras versiones apuntan que después de la guerra contra los franceses, Miguel Baigén, del ejército galo, en su huida hacia el norte con una tropa disminuida pasó por Cerros Blancos y pidió asilo a la propietaria, Dolores Huerta. Ella aceptó y tiempo después se casaron.
2. Concha Nava Muñiz afirma que Dolores Huerta y Miguel Baigén nunca vivieron en Cerros Blancos; tenían su residencia en Matehuala. Aún más, en su novela *Oro, pasión y expiación* (2020), recrea la vida de Dolores Huerta y su vida marital con Miguel Baigén. En la novela también narra el episodio del intento de fusilamiento y el pago en oro para salvar a su marido.

4. Cuentan que la guerra de la Revolución sólo llegó hasta Doctor Arroyo. En la hacienda de Cerros Blancos no hubo confrontaciones porque los hacendados habían huido a San Luis Potosí, llevándose consigo lo más valioso y fácil de cargar, pero que escondieron otras riquezas que nadie ha podido encontrar.
5. Los hermanos Martínez perdieron la hacienda por embargo. Quedó abandonada porque nadie vino después a reclamarla como propia o como herencia.
6. Ya estando el casco abandonado, gente de otros pueblos llegó en burros para llevarse la madera de las puertas, ventanas y vigas, así como la herrería. Al parecer, no querían el material para utilizarlo ellos, sino para venderlo.

Leyenda

Encontró un esqueleto

Hay un señor de esos que no echan mentiras y él nos platica que siempre miraba a una señora allí por su casa por donde están unas cercas; esas cercas eran *hacienderas*. La miraba siempre vestida de blanco. Dice que la primera vez que la *vido* se asustó mucho, pero luego ya se acostumbró a verla. Él le platicaba a la gente y todos le decían que escarbara porque seguramente había un tesoro enterrado. Pero no sabía dónde escarbar porque él nomás miraba a la mujer que pasaba por su casa. Entonces, un día se le ocurrió seguirla y ya donde vio el mero punto donde la mujer se desaparecía, allí mero fue a escarbar y ¿qué cree que encontró? Encontró puros huesos, un esqueleto completo. No sabemos si los haya llevado a enterrar al panteón o si mejor los dejó allí, pero cuenta que desde entonces ya no ha vuelto a ver al ánima de esa mujer. Lo que no dijo es si que se encontró dinero o no.

Juan Hernández

DERRAMADEROS

Ubicación:	Derramaderos, municipio de Villa de Arista, SLP.
Distancias:	110 km al noroeste de la capital del estado.
	10 km al sur de la cabecera municipal.
Giro económico:	Agrícola y ganadero; ixtlero de fibra de palma.

Descripción arquitectónica y condiciones hasta 2010

El conjunto de la casa grande estaba compuesto por la casa principal, orientada hacia el sur, con habitaciones de los empleados domésticos, almacenes y caballerizas. Se dice que había un mirador desde donde observaban el ganado en las caballerizas y corrales, ubicados hacia el noreste. Las puertas y ventanas de las habitaciones son rectangulares. En el pasillo principal hay un arco conopial que da acceso al patio central. Alrededor de éste había arcos de medio punto; sólo quedan algunos de ellos. Casi al centro aún existe la noria que abastecía de agua. Había torreones de vigilancia en dos esquinas, lo que puede indicar que este conjunto haya sido construido sobre una casa más antigua, tal vez en la época del presidio; de ellos sólo queda el de la esquina sureste.

En otros conjuntos del casco, alrededor de la casa grande, estaban los cuartos de trabajadores, los corrales y los graneros, la mayoría ahora en ruinas. Hacia el norte se conserva la era o pila circular, de piedra, donde oreaban el maíz.

El presidio del siglo XVI, no obstante su antigüedad, curiosamente es la construcción más sólida que se conserva. También conocido como el fortín, es una estructura de piedra, muy alta, con dos baluartes circulares en las esquinas del sur. Éstos tienen orificios de vigilancia y defensa; desde allí disparaban los arcabuceros cuando había ataques de los huachichiles. Esta construcción muestra alteraciones en su estructura original. En el siglo XIX fue dividida con una pared intermedia de adobes y arcos de medio punto. De presidio pasó a ser granero; hoy en día es corral.

Algunas construcciones del casco fueron aprovechadas para uso de casa-habitación. Entre otras, destaca un corral que ahora funciona como salón de eventos.

La capilla, dedicada a la virgen de la Purísima Concepción, es muy sobria y pequeña. Tiene almenas en el techo de la nave, mientras que la fachada presenta una espadaña para tres campanas y almenas. En el interior, también muy austero, hay nichos donde fueron sepultados varios integrantes de la familia de hacendados.

Nota: La fiesta patronal se celebra el 1 de junio y no el 8 de diciembre, día de la Purísima Concepción.

Reseña histórica

Derramaderos es un lugar con asentamiento hispano muy antiguo, siendo posible que haya sido fundado como presidio en el siglo XVI. En la historia de la hacienda de Bocas se hace mención que, en 1562, Pedro de Ahumada Sámano fundó un presidio que se extendía hasta la hacienda de Espíritu

Santo (municipio de Pinos, Zacatecas), propiedad del capitán Gabriel Ortiz de Fuenmayor. Tal vez el citado presidio sea el que se encuentra en Derramaderos.

Siglos XVII y XVIII: Independientemente del antiguo presidio que sigue en pie, no se sabe con exactitud si Derramaderos fue estancia o rancho de la hacienda de Bocas, fundada a finales del siglo XVI, o de la de Peñasco o de Cruces, ambas fundadas en el siglo XVIII. Existen pocas referencias de su historia.

1840: El gobierno reparte tierras entre vecinos para que se pueble más la región y se consolide el municipio de Villa de Arista, decretado como tal hasta 1857.

1871: El 1° de junio, un decreto del gobierno ordena que las tierras de la hacienda de Bocas adentro del municipio de Villa de Arista sean consideradas parte de éste y no del municipio de San Luis Potosí. Es factible que dicho decreto haya incluido a Derramaderos.

188-: Ya como hacienda independiente, se menciona a José Francisco Palau Gómez como el propietario. No se sabe si este hombre nacido en Armadillo de los Infante, SLP compró esas tierras a los dueños de Bocas o de Peñasco y luego haya construido la casa grande o la haya ampliado al estilo que aún se puede apreciar entre las ruinas.

189-: José Francisco Palau hereda la hacienda a sus tres hijos varones: Antonio Palau Larrea quien se casó con Martina Iracheta, Francisco Palau Larrea quien se casó con Carmen Chávez y Eudoro Palau González quien se casó con Francisca Iracheta. En ese tiempo, los herederos dividieron la hacienda en tres partes.

Siglo XX: Consuelo Palau Ponce falleció en Cuernavaca, pero sus restos descansan en el panteón de la hacienda de Derramaderos.

1955-1977: Con la Reforma Agraria, cuando la hacienda había perdido la mayor parte de su territorio, las fracciones de Derramaderos repartidas entre las familias Palau Larrea, Palau Iracheta y Aranda Palau y sus descendencias fueron vendidas como pequeñas propiedades a diversos compradores.

Historias, anécdotas, testimonios e historia oral

1. Hubo un tiempo en que se tallaba la lechuguilla, pero cuando se agotó empezaron a tallar la fibra de palma que generó más riqueza a la hacienda. Los talladores no eran empleados de tiempo completo, sino que vendían el producto a dos precios: más bajo era cuando traían la fibra de los territorios de la hacienda misma; más alto cuando tallaban en otras regiones.
2. José Palau heredó la hacienda a tres hijos. Dos de ellos se casaron con sendas hermanas, Francisca y Martina Iracheta. La última persona de aquellas familias que radicó aquí fue un hombre que le decían Pichapa. Vivía de manera muy humilde en unos cuartos que estaban cayéndose allá donde se encontraban las caballerizas.
3. En 1916 hubo una batalla entre los federales y los carrancistas. Aquéllos venían de Bocas, mien-

tras que los carrancistas del norte. Se encontraron en Derramaderos. Los primeros en llegar fueron los federales y uno de los generales ordenó que a todos los hombres mayores que vivían en Derramaderos se les provisionara con carabinas 30.30 y suficiente parque. A éstos les pidieron que fueran a los cerros y desde allá les dispararan a los carrancistas que venían a caballo porque traían la intención de quemar la hacienda y robarse todo, además de que se llevaban a las mujeres y mataban a los hombres y a los niños. La batalla fue larga, pero ganaron los federales con ayuda de los lugareños.

» » Al poco tiempo, sin embargo, muchos de aquellos trabajadores se unieron a la Revolución porque ya estaban hartos del maltrato que les daban aquí los capataces. Cuentan que mucha gente se fue y, como represalia, colgaron a los chivos en los mezquites y huizaches para que de tal modo los hacendados se dieran cuenta de que ya no iban a regresar a trabajar para ellos.

4. Cuando esta hacienda dejó de ser productiva, muchos hombres trabajaban indirectamente para la hacienda de Bocas. Ellos se levantaban a las 3:00 am para ir a cortar el maguey que vendían en la mezcalera de Bocas.
5. Cuando las hijas de Fernando Aranda Palau heredaron la casa grande, intentaron reparar algunas partes, pero resultó muy costoso y problemático, ya que tuvieron líos con los ejidatarios. Ellas desistieron en su intento y dejaron de venir. Cuando la gente se dio cuenta de que la casa estaba abandonada, empezó a llevarse las puertas y las ventanas, así como la herrería.
6. Hubo un alcalde de Villa de Arista que quiso comprar esta hacienda cuando la casa todavía estaba en buenas condiciones. Según él, su intención era arreglarla para convertirla en escuela y centro de convivencia comunitaria, aunque mucha gente más bien decía que la quería para él. Andaba haciendo los trámites de la compra cuando resultó que la casa grande tenía dueños y que algunos de éstos vivían en San Luis Potosí y otros en los Estados Unidos. Entonces, ni con las influencias que tenía el alcalde pudo comprar esta propiedad y lo malo es que los dueños tampoco han venido y sigue cayéndose cada vez más.

» » Otra versión afirma que el alcalde ofreció $50,000.00 por la propiedad, pero los dueños querían $300,000.00. Estuvieron regateando el precio y nunca llegaron a un acuerdo, y menos cuando resultó que los supuestos dueños mostraron títulos de propiedad apócrifos.

7. Hace pocos años llegaron varios hombres con unas máquinas y empezaron a tumbar unos cuartos en la parte trasera de la casa grande porque dijeron que traían órdenes de hacer una alberca. Los lugareños vieron esto con suspicacia, pues saben que en esa región hay poca agua. Todo mundo entonces supuso que aquellos hombres pretendían sacar un tesoro. Cavaron un pozo profundo y un día se fueron, dejando las máquinas abandonadas. No se sabe si encontraron el ansiado tesoro.
8. El pozo de la noria ahora tiene mucha basura y es peligroso porque los niños son curiosos y se pueden caer. Contaban que hace muchos años desapareció un niño y todos pensaron que se había caído a ese pozo. Dos hombres bajaron con cuerdas apoyadas por el malacate y jaladas por otros compañeros. Aquéllos

llegaron hasta lo más hondo y no encontraron al niño, deduciendo que no se había caído allí. Por varios meses se quedó la historia del niño desaparecido como un misterio sin resolver, hasta que una vez en el monte descubrieron el esqueleto de lo que parecía un niño. Llegaron a la conclusión de que se trataba de aquel que se había perdido y le dieron cristiana sepultura en el panteón.

Leyendas

La cárcel de indios

Platicaba mi papá que en años de su abuelo, o sea hace mucho tiempo, que los indios mentados que los huachichiles no se dejaban llevar al catecismo porque eran muy ladinos y no respetaban las leyes ajenas –muy bravos esos hombres, ojalá siguieran en vida y nos enseñaran a no dejarnos de las raterías del gobierno. Ellos eran los dueños de estas tierras, pero llegaron los españoles, les robaron las tierras y luego esclavizaban al que se dejara. Levantaron ellos esa cárcel de piedra allá en Derramaderos y allí metían a los indios o a los rejegos –había y hay muchos de esos que no entienden razones. También encarcelaban allí a los gavilleros. Es que usted ha de saber que por aquí pasaban los cargamentos de plata y los gavilleros se escondían detrás de cualquier mogote y asaltaban las diligencias o las recuas. Pero si los de la cordada los pescaban, los metían allí en esa cárcel hasta que les daban sentencia y los ajusticiaban, o sea que los fusilaban para que se les quitara lo bribón.

Jacinto Vázquez

Una mujer vestida de blanco

Ahí en el centro del jardín antes había un árbol muy grande que ya se cayó. Me acuerdo que la gente de antes platicaba que por ahí salía una mujer de blanco, o sea que andaba vestida de blanco. Contaban que era como un fantasma que caminaba por los pasillos de los arcos, cruzaba el jardín y desaparecía en el árbol que se cayó. Cuando la casa se quedó sola, ya sin puertas, luego los muchachos se metían en la noche a jugar o a hacer travesuras. Siempre salían espantados porque decían que habían visto a esa mujer de blanco, y decían que era una señora mayor, vestida con un vestido blanco de tela muy ligera que se movía con el viento, pero que no caminaba, o sea que más bien iba así como flotando en el aire. Ninguno de aquellos muchachos se atrevió jamás a seguirla, ni tampoco nadie le vio la cara, pero todos decían que se desaparecía exactamente en el árbol porque allí también se oían ruidos. Es que dicen que a lo mejor ahí había un tesoro escondido. Cuando se cayó el árbol, hasta la raizota se le veía y allí anduvieron todos viendo si estaba el tesoro. No encontraron nada ni tampoco esqueletos o cosas así que pudieran asustar. Tampoco encontraron algún camino a un túnel o a un sótano, porque también antes decían que había un túnel, pero la verdad nadie lo ha encontrado.

Prudencia Guevara

EL CANELO

Ubicación: El Canelo, municipio de Doctor Arroyo, NL.
Distancias: 270 km al suroeste de Monterrey.
122 km al noroeste de la cabecera municipal.
Giro económico: Agrícola y ganadero.

Descripción arquitectónica y condiciones hasta 2010

El casco de El Canelo tiene aspecto de aldea. Hacia el oriente se encuentra el conjunto de la casa grande cuya larga fachada de una sola planta presenta materiales de adobe y de piedra con rodapié adicional. Las puertas y ventanales tienen marcos y dinteles de cantera. El interior ha sufrido modificaciones obligadas, pues hace varias décadas un grupo de personas se dedicó a destruir la casa, pese a estar habitada entonces. Las habitaciones fueron remozadas y, en ciertos casos, fue necesario rehacer arcos o marcos de las puertas, por lo que los estilos varían y desentonan con los arcos antiguos. Existían murales en los pasillos alrededor del patio central que tenía estructuras de metal labrado para sostener los cobertizos.

Aún se ven rincones de paredes que estaban decoradas con tapices en color azul. Algunas ventanas fueron tapiadas, mientras que otros cuartos fueron cerrados por completo. Hay algunas áreas que están abandonadas. El jardín central sigue siendo frondoso; se dice que en el pasado era un huerto de árboles frutales.

Este conjunto incluía la oficina, la tienda de raya y el almacén o trastienda, así como un huerto, un corral y una caballeriza para los animales de los hacendados. A la izquierda de esta construcción estaban la fragua o herrería y la carpintería; a la derecha, separada por el portón de la cochera y entrada a las caballerizas, estaba la casa de la ama de llaves y los empleados domésticos. Hoy en día todo este conjunto es habitacional y conserva su estilo original, aunque un tanto deteriorado.

Los otros conjuntos, alrededor de una amplia plazoleta rectangular, también son horizontales de una planta. Hacia el sur había trojes y casas de trabajadores; al poniente más trojes, corrales y caballerizas, y hacia el norte otras casas de trabajadores y la capilla. Casi no hay construcciones abandonadas, aunque algunas sí un tanto deterioradas. La mayoría son ahora casas-habitación o pequeños comercios.

Reseña histórica

Siglo xviii: Estas tierras pertenecían a la hacienda de La Carbonera, fundada hacia 1738 por Antonio Fernández Vallejo. No se sabe si era un rancho o estancia de Carbonera; de haber sido estancia seguramente existió una casa del administrador, corrales y trojes.

1790: Nace Cosme Aramberri. Él fue administrador de la hacienda de Soledad (municipio de Aramberri, NL) y de la de Albarcones (municipio de Doctor Arroyo, NL), fundó la villa de Doctor Arroyo en 1826 y quizá también la hacienda El Canelo, de la que fue dueño hasta su muerte.

183-: José Silvestre Aramberri Lavín (1816-1864) hereda de su padre la hacienda El Canelo y otras tierras. Nacido en la hacienda Soledad (hoy municipio de Aramberri, NL), fue un ingeniero, militar y político, gobernador de Coahuila y Nuevo León en 1859 y gobernador del Distrito Federal en 1862-1863.

1864: El 27 de enero, fallece Silvestre Aramberri en la casa grande de El Canelo por causa de una afección de pecho, según la versión oficial. Días antes él había guiado a Benito Juárez y su séquito cuando se dirigían al norte. En el trayecto fue envenenado y, sin saberse todavía, por sentirse mal Juárez le pidió que fuera a descansar a su hacienda, donde murió a las cinco de la mañana. Existe un acta escrita por el párroco de Matehuala que dice que José Silvestre Aramberri murió envenenado en esa ciudad. Se le dio cristiana sepultura en Matehuala, pero en 1926 sus restos fueron exhumados y trasladados a Aramberri, cabecera de un municipio neoleonés llamado así en su honor.

1865: Jesús Ramírez es el siguiente dueño de El Canelo, posiblemente por herencia directa de Silvestre Aramberri.

1867: El 21 de noviembre, un escuadrón de los Cazadores de Galeana se subleva y asesina al coronel Platón Sánchez en las cercanías de El Canelo. Esa misma tarde llegaron a la hacienda, pidieron alojamiento y la saquearon.

19--: José A. Ramírez hereda la hacienda tras la muerte de su padre. A él le tocó sortear la época de la Revolución y el reparto ejidal.

1931: José A. Ramírez presenta una querella a la Comisión Local Agraria por errores en un censo. En ese tiempo, El Canelo contaba con 26,691 has.

1932: Expropian a la hacienda El Canelo tierras para beneficiar a ejidatarios de los poblados El Tajo y La Boquilla.

1934: Fallece José A. Ramírez, dejando como heredero de lo que quedaba de la hacienda a su hijo Manuel García.

» » Con la Reforma Agraria, los territorios de El Canelo fueron repartidos entre varios ejidos, pero se respetó la casa grande y algunas hectáreas de huertas. En la actualidad, los descendientes de Manuel García siguen siendo los propietarios.

Historias, anécdotas, testimonios e historia oral

1. La hacienda se llama El Canelo porque cuentan que en un tanque donde había dos olmos muy grandes se apareció un burro de color canelo. Cuando Cosme de Aramberri fundó la hacienda, estaba en boga aquella leyenda y mandó hacer un escudo con un burro de color canelo y así se le quedó el nombre.
2. En esta hacienda hubo misioneros llegados del convento de Guadalupe, Zac., cuyo objetivo era cristianizar a los huachichiles, pero les resultó imposible. En esa época se construyó un túnel para refugiarse o escapar durante los ataques de esos indómitos nativos.
3. A Cosme de Aramberri, de origen español, lo mataron los huachichiles en una emboscada. Eso sucedió en un sitio que ahora lleva su nombre. Como administrador de las haciendas Soledad y Albarcones y amigo del gobernador José María Parás Ballesteros aprovechó sus contactos políticos y conocimientos de administración de haciendas para enriquecerse y convertirse en hacendado. Entre otros logros, él hizo los trámites para fundar Doctor

Arroyo, quitándole tierras a las haciendas que administraba. Esto le valió reconocimientos en el gobierno, que también se convirtieron en favores y regalos, como la de dar tierras y haciendas o "mercedes" de la antigua usanza. Así habrá obtenido El Canelo y otras haciendas.

4. Se dice que José Silvestre Aramberri tuvo muchas haciendas, como la de El Toro, La Trinidad y San Jorge (en el municipio de Galeana, NL). Según algunas pláticas, el número de haciendas de su propiedad llegó a 700 y no tuvo más porque el gobierno no le permitió. Esta creencia popular es irreal, pero es posible que sí haya tenido un buen número de ranchos y/o sitios de ganado que es como se medía antiguamente la extensión de una hacienda y no con hectáreas.
5. Aunque el camino real de Matehuala a Saltillo pasaba por haciendas como El Salado, Agua Buena y Encarnación de Guzmán, la ruta comercial que atravesaba por El Canelo era más importante hacia finales del siglo XIX, económicamente hablando, ya que por allí traficaban muchas mercancías que iban de Matehuala al norte de Tamaulipas e incluso a Monterrey, como camino alternativo.
6. El casco de El Canelo fue incendiado durante una revuelta entre 1853 y 1854. Los asaltantes quemaron todos los graneros y mataron al ganado. El motivo: esta hacienda surtía de alimento a las milicias de Nuevo León, Coahuila y San Luis Potosí. Pese a esto, no se fue a la quiebra y se repuso en poco tiempo.
7. José Silvestre Aramberri era un hombre cercano a Benito Juárez. En cierta ocasión venían juntos de Querétaro hacia el norte cuando inesperadamente cayó enfermo en Matehuala. Juárez le dijo que se fuera a descansar a su hacienda. El presidente siguió su ruta al norte (no queda claro si por el camino real por el rumbo de Vanegas o por el camino alternativo que pasaba por El Canelo). Cuenta la historia que Silvestre Aramberri no se enfermó, sino que lo envenenaron. Él había sido designado gobernador interino de Nuevo León en 1959, cuando lo nombró Santos Degollado. Pero como tuvo fuertes diferencias con el gobernador neoleonés José Santiago Vidaurri, entonces alguien ordenó que lo envenenaran.
8. Se dice que Benito Juárez durmió en la sala principal de El Canelo y de allí siguió hacia Matehuala, pasando otra noche en San Cayetano de Vacas. (*Nota:* de ser correcta esta versión, debió haber sido cuando el presidente regresó de su trajinar por el norte).
9. En la capilla dedicada a San Francisco de Paula hubo tumbas que tenían lápidas labradas con letras de oro. La gente se las llevó para usarlas como talladores de lavar ropa. Se dice que allí estuvo sepultado José Silvestre Aramberri, aunque la historia oficial afirma que fue sepultado originalmente en Matehuala y, décadas después, exhumado y trasladados sus restos a Aramberri.
10. Según cuentan algunos lugareños, José Silvestre Aramberri está emparedado en la sala de la casa grande porque él quiso que a su muerte lo sepultaran en su casa y no en la capilla porque ésta se encuentra un poco retirada.
11. Doña Graciela García Medellín cuenta que: "Cuando yo tenía como 11 años conocí allá por El Charquillo, cerca de Doctor Arroyo, donde vivía una media hermana de mi papá, al hijo del capataz de José Silvestre Aramberri. A ese hombre le decían Villa.

Recuerdo que nos platicó que cuando estaba niño aquí en El Canelo él le ayudaba a su papá a sacar las monedas de oro a asolear para orearlas, o sea que las sacaban con palas y las esparcían en un solar. No sé cuándo haya muerto él, pero cuando lo conocí ya estaba muy viejito y sabía muchas cosas de los mejores tiempos de la hacienda".

» » Se dice que Jesús Ramírez fue hijo natural de Silvestre Aramberri y por ello le heredó la hacienda El Canelo.

12. Según explica el Lic. Francisco Javier Alvarado, hubo un dueño de apellido Rodríguez en los años 30 del siglo pasado, cuando ya la hacienda estaba muy decaída y tenía poca producción agropecuaria.

13. En los años 70, algunos ejidatarios se dedicaron a destruir el casco de la hacienda, a pesar de que no estaba abandonado. Entre otras cosas, se llevaron las viguetas que estaban decoradas, labradas y pintadas, así como las rejas de hierro de los ventanales. Sin importarles el valor estético, destruyeron los murales que decoraban el patio, los cuales representaban lugares como Venecia y España.
14. Se acabó la tradición de la fiesta dedicada a San Francisco de Paula que tuvo sus orígenes en la devoción que le tenían los Aramberri. Los últimos en mantener la tradición fueron los viejos que vivieron hasta los años 80 del siglo pasado y ellos les enseñaban a sus hijos a elaborar las velas y los carros de cera para llevarlos como ofrenda; la mayoría de aquellos jóvenes emigró a Monterrey o a los Estados Unidos y la fiesta dejó de celebrarse. En aquel tiempo también se organizaban pastorelas para el 4 de octubre y desde la noche anterior se hacían las representaciones y había cantos hasta el amanecer, cuando se lanzaban cohetes y se cantaban las mañanitas.

LEYENDA

UN NIÑO APARECIDO

Cuando yo tenía como 18 años, aquí al pueblito llegaban mucho los húngaros (gitanos) a dar cine. Mi cuarto estaba donde había sido el escritorio (la oficina de la hacienda), que estaba junto a la trastienda. Entonces una noche regresé como a las once después de haber visto cine que habían pasado los húngaros y al entrar a la casa cerré el portón. En ese momento vi que estaba un niño parado en el corredor junto a un cuarto al lado del pasillo de la entrada. Primero pensé que era uno de mis sobrinos, pero se me hizo raro porque a esa hora ya estaban dormidos. Yo vi la imagen del niño, cómo andaba vestido y luego abrió sus brazos y fue cuando me di cuenta que no era ninguno de mis sobrinos y como además andaba vestido diferente, pegué un grito. Mis papás salieron de la cocina grande y me preguntaron que qué pasaba y yo les dije que se me había aparecido un niño. Por mis gritos todos se levantaron y les platiqué lo que había visto y ahí quedó la cosa.

Años más tarde, cuando yo ya estaba casada, fuimos una vez a Matehuala a visitar a unos tíos y uno de ellos me dijo: "Hija, ¿y nunca han sacado el tesoro que dejó tu abuelo?". Le dije que no, que no sabía de eso. Luego mi tío me dijo exactamente en donde debía estar el supuesto tesoro. Para esto, yo ni siquiera le había comentado lo del niño que se me había aparecido años antes, pero entonces mi tío dijo que cerca de la trastienda allí estaba enterrado el tesoro y sabía eso porque a él le habían contado que ahí mero se aparecía un niño.

Otra cosa: la que fue ama de llaves platicaba que en una parte del jardín hubo árboles frutales. Dicen que ella contaba que entre dos granados –que ya no existen– veía un niño que se aparecía. Lo mismo platicaba una tía que también vivía en Matehuala, pero nunca hemos sabido dónde estuvieron esos árboles, pero lo que sí sabemos es que algunas personas han metido aparatos para sacar tesoros y nunca se ha detectado nada.

Son muchas las coincidencias de varias personas que cuentan de la misma aparición. La mayoría dice que el niño anda vestido como el niño de San Francisco de Paula, pero yo lo vi vestido como un monaguillo con su faldón blanco. Y entre otras coincidencias aquí va otra: una cuñada me dijo que su hija una vez le dijo que no se metiera al comedor viejo porque ahí se aparecía una niña vestida de color café. Según mi cuñada, esa sobrinita le contaba que la chiquilla vestida de café le quería dar algo así como una carta. Pero mi sobrinita se asustaba y nunca se atrevió a agarrar la carta, y eso que vio a esa niña varias veces.

En otra ocasión estaba una de mis hijas en la cocina y yo estaba haciendo de cenar cuando en eso ella dijo: "Vas a ver, Juanito". Me dijo que vio a un niño corriendo y que hasta le sonaban las canicas y pensó que había sido Juanito, uno de los vecinos. Aseguraba mi hija que lo vio vestido de pantaloncito azul y camisa blanca. De rato fuimos a la casa de Juanito y le preguntamos a su mamá que sí había ido a nuestra casa y nos dijo que no; el niño ya estaba dormido y ese día no había traído puesto pantalón azul o camisa blanca. Entonces fue como otra coincidencia de esa aparición y no sabemos exactamente qué sean, si como fantasmitas de un solo niño o de varios niños o ánimas en pena.

Graciela García Medellín

EL EPAZOTE

Nombre original:	Guadalupe
Ubicación:	El Epazote, municipio de Venado, SLP.
Distancias:	125 km al norte de la capital del estado.
	23 km al oriente de la cabecera municipal.
Giro económico:	Lechero y ganadero. Tuvo in incipiente intento de mezcalero.

Descripción arquitectónica y condiciones hasta 2010

El casco de esta hacienda tiene los conjuntos muy separados entre sí. El conjunto de la casa grande era una construcción horizontal, de adobe y piedra en los rodapiés. Tenía pocas habitaciones y un jardín o patio interior. La mayoría de las puertas eran rectangulares, excepto dos con arcos de medio punto y otra con arco trilobulado. Algunas de estas puertas tenían marcos de cantera y dinteles. Curiosamente, había pocas ventanas hacia el frente. En algunas habitaciones quedan restos de color azul decorativo en sus paredes.

El jardín interior no era muy grande y estaba cerrado por un muro con columnas cónicas tipo mojoneras en las esquinas, las cuales son un elemento inusual. Hacia el sur del jardín estaba el portón principal de la casa, con un arco de medio punto alargado, de piedra. Hacia el oriente había una puerta de acceso a la pila, la cual almacenaba el agua que abastecía la necesidad de la casa grande.

En otro conjunto, hacia el poniente, estaban los cuartos de los trabajadores. Los que no se cayeron o fueron destruidos para reciclar los materiales, fueron adaptados como casa-habitación en años reciente. En ese sector también se encontraban las trojes y la noria.

En la parte sur estaban los corrales y los establos donde se hacía la ordeña. De eso no queda nada visible.

Recuerdan los ancianos que adentro de la casa grande había una capilla dedicada a la Virgen de Guadalupe. La imagen fue trasladada a un templo que se levantó hace pocos años en el centro de la comunidad.

Casi todo lo que queda del casco está en ruinas, pero los techos no han terminado de caerse por completo. Con el paso de los años y el abandono, los lugareños aprovecharon el material de los muros que estaban desplomándose para levantar sus casas. De esta manera desaparecieron muchas construcciones, principalmente los corrales y las trojes. Otro factor que ha provocado la ruina es la presencia de los buscatesoros, quienes han tumbado muchas paredes.

Esta hacienda tuvo dos fábricas de mezcal. Una de ellas estaba a pocos metros hacia el oriente, y hasta hace algunos años todavía quedaban los hornos y la tahona. Todo ha desaparecido. La otra fábrica se encontraba en Guadalupe, un ranchito anexo a esta hacienda, ubicado hacia el sur.

Reseña histórica

Se desconoce la fecha de la fundación de esta hacienda o quiénes hayan sido sus primeros dueños. Por su ubicación pudo haber sido un rancho o estancia de la hacienda de Coronado, o de Guanamé, o de Peñasco o incluso de Peotillos. Se sabe, sin embargo, que el latifundio estaba compuesto por diversas fracciones con distintos propietarios de la misma familia, entre hermanos o descendencias.

El dueño de la fracción donde se ubica el casco de la hacienda fue Casimiro Toranzo Sierra (España 1849 - El Epazote-?), quien en primeras nupcias se casó con María Guadalupe Hernández y procrearon cuatro hijos: Manuel, Luis, Teresa y Casimiro. En segundas nupcias se casó con Gumersinda Contreras y tuvieron un hijo: Manuel Toranzo Contreras (1912-?). Sus descendientes se han mantenido como propietarios de partes de esas tierras.

1986: El 18 de marzo, se publica un edicto relacionado con inafectabilidad de tierras a las familias Toranzo Noriega, Toranzo Contreras y/o sucesores en torno a cuatro predios de la ex hacienda El Epazote: Guadalupe, Las Presas, La Tinajera y Santa Fe.

1979: Campesinos del ejido San Gerónimo, municipio de Moctezuma, basados en el juicio agrario número 1386/93, iniciado en 1924, relativo a la segunda ampliación de, solicitan al gobierno del estado una segunda ampliación de ejido, para lo cual se habría de afectar a la exhacienda El Epazote, denominada Guadalupe.

1999: El 2 de junio, Joaquín Edgardo Toranzo Noriega interpone un amparo contra la ampliación del ejido que afectaría sus tierras. Esa solicitud la hizo por su propio derecho, así como en nombre y representación de su madre Victoria Noriega viuda de Toranzo y de sus hermanos Gloria del Rosario, Antonio Félix y Juan Mariano Toranzo Noriega. Sin embargo, de acuerdo con la historia oral, se dice que Joaquín Toranzo tuvo una asamblea con los ejidatarios y les donó parte de los terrenos para que ampliaran el ejido.

HISTORIAS, ANÉCDOTAS, TESTIMONIOS E HISTORIA ORAL

1. Cuando esta hacienda era ganadera y lechera, contaba con muchas vacas y cabras. Había trabajadores que pastoreaban y otros que llevaban la leche a la hacienda de Coronado. Las mujeres eran las que ordeñaban. Entre el pago a la gente le daban un litro de leche diario. Había unos que hacían quesos para vender en Venado.
2. La familia Hernández Guerra era dueña de Coronado y compraba casi toda la producción de leche de la hacienda Guadalupe para elaborar los productos de leche quemada. La ordeña de vacas y cabras se hacía en la madrugada y salían las carretas cargadas con los bidones a Coronado porque había que entregar la leche allá muy temprano. En aquel tiempo las carretas hacían casi dos horas y siempre llevaban vigilantes porque había ladrones en los caminos.

3. Como anécdota se cuenta que Casimiro Toranzo perdió esta hacienda jugando a la baraja, pero la rescató una hermana suya de nombre Teresa. Se dice que era "muy picado" y se la pasaba hasta cinco días jugando a la baraja cerca de la presa. No usaban dinero en las apuestas, pero todo lo apuntaban en una libreta. Jugaba mucho con Alberto Martínez, un hombre de San Luis Potosí y, según algunas versiones, fue el que ganó la hacienda. Otra versión cuenta que la noche aciaga de jugada fue en la capital potosina y al día siguiente llegó Casimiro Toranzo con el nuevo dueño para entregarle la hacienda y fue cuando su hermana Teresa se enfureció y le dijo a éste que cuánto le debían, que le iban a pagar en efectivo en un plazo de seis meses y no con la hacienda. Así fue como ella rescató la propiedad, pero no permitió que Casimiro Toranzo siguiera administrándola o teniendo derechos legales, aunque siguiera siendo dueño. (Otras versiones dicen que fue la esposa de Casimiro quien solucionó el problema.)

4. Se cuenta que mucha gente ha venido buscar tesoros y ha escarbado por doquier, pero los lugareños dudan que haya tesoros, pues afirman que el hacendado quedó pobre, al grado que, se dice, en sus últimos años hasta les pedía cigarros a los trabajadores.
5. Don Arturo Alemán López cuenta lo siguiente: "Esta hacienda producía ganado para leche que vendían a los hacendados de Coronado porque allá producían cajeta y los dulces de leche quemada. Pero aquí también hubo una pequeña fábrica de mezcal que se producía con los magueyes que cultivaban en los alrededores. Yo recuerdo que en los últimos años el mezcal que aquí producían era muy malo y la gente dejó de comprarlo; no tenía comparación con el que hacen en Pozos de Santa Isabel o en Laguna Seca; esos sí son mezcales de a de veras. Yo pienso que por eso esta fábrica quebró, aparte de que los hacendados se fueron a vivir a San Luis y aquí todo se acabó".
6. El maguey se cultivaba en diversos terrenos de la hacienda, pero no era de buena calidad debido al tipo de suelo. Los paninos de maguey de esta región eran muy desabridos y para endulzar el mezcal le agregaban piloncillo. También se dice que cuando la producción de maguey era muy baja, incluso echaban lechuguilla en la molienda. Esa mezcalera duró pocos años porque la gente no compraba el mezcal que allí se producía.
7. A manera de chiste cuentan que hace muchos años hubo una sequía muy fuerte y varias personas de El Epazote se pusieron de acuerdo para ir al cielo a hablar con San Pedro. Formaron la comisión y llegaron con San Pedro. Cuando les tocó el turno de hablar con el, le dijeron que necesitaban que les mandara lluvia porque los aguajes ya estaban secos y los animales estaban muriéndose. San Pedro les dijo: "No les aseguro eso de las lluvias, pero las primeras cervezas heladas van a ser para ustedes porque vienen muy asoleados y son los primeros visitantes que llegan desde El Epazote".

Leyendas

El "don" de la hacienda

Algo muy curioso que contaban los viejitos de antes es que esta hacienda tenía un don porque sus aguajes nunca se secaban. Vamos a ponerlo de esta manera: digamos que el año era muy seco y que todas las presas y los aguajes así de Venado, de Coronado, de La Tapona, de cualquier hacienda se secaban, pero los de esta hacienda no –esos aguajes están hacia la sierrita en el oriente. Entonces, cuando se secaban los aguajes de esta hacienda, esa misma tarde llovía, aunque fuera poquito, y los aguajes agarraban agua otra vez, pero sólo los aguajes de aquí y no los de las otras haciendas. Para que los de las otras haciendas se llenaran tenía que llover mucho. Quién sabe en qué consistiría eso, pero los viejitos de antes contaban que aquí esta hacienda tenía algo así como un don, así como la gracia de Dios.

Aunque ahora la hacienda ya no existe –puras tapias *caidas* quedan nomás–, comoquiera los aguajes de aquí del rumbo siempre tienen agua, aunque el año no sea muy llovedor. O sea que comoquiera estas tierras están protegidas por un don divino.

Arturo Alemán López

Los gigantes

Ahí anda la plática de los gigantes porque hace poco encontraron unos huesos de gigantes allá por el rumbo de El Epazote. También se han encontrado puntas de flechas bien grandes porque dicen que eran de los gigantes que cazaban animales muy grandes de los que ya se acabaron. En un arroyo encontraron los huesos de los gigantes que son así grandes y están como hechos piedra: parecen piedra y como son huesos son como piedras de color blanco. No estoy seguro, pero creo que todavía no han encontrado las calaveras de los gigantes.

Dicen que los gigantes eran tan grandes que para ellos los cerros eran como montones de arena, o sea que eran más altos que los cerros. Pero los gigantes se murieron y sus huesos quedaron enterrados. Dicen que hace poquito se encontraron un diente de un gigante en un ranchito que está en El Sotol. Dicen que los gigantes se acabaron hace mucho cuando hubo un diluvio, que fue una vez que llovió tanto, tanto, tanto que se formó el diluvio y todos los gigantes se ahogaron y por eso sus huesos están enterrados y salen cuando hay lluvias y los arroyos se llevan la tierra y luego ahí están los huesos que empiezan a salir.

Martín Rangel Valdés

OTRAS OBRAS DEL AUTOR, DISPONIBLES EN AMAZON

El pueblo festivo. Cuernavaca, Morelos, 2024. Novela.

Mitos y leyendas del norte de México. CdMx. 2024.

Plantas medicinales del noreste mexicano (coautor). SMA, Gto. 2024.

Mitos y leyendas de Nuevo León. SMA, Gto. 2024.

Judíos ashkenazitas en San Luis Potosí: Las familias (coautor). 2da. edición: SMA, Gto. 2024.

Casa Europa México. Historia de la casa desde la memoria de los sanmiguelenses. 2da. edición: SMA, Gto. 2024.

Creencias, mitos y leyendas de animales. 2da. edición: SMA, Gto. 2024.

Misterios - leyendas de San Luis Potosí. 2da. edición: SMA, Gto. 2024.

Haciendas del Altiplano. Historia(s) y leyendas. Tomo I. Grandes latifundios virreinales. 2da edición: SMA, Gto. 2024.

La ruta menos conocida de Miguel Hidalgo. Historia oral en el Altiplano potosino. 2da. edición: SMA, Gto. 2024.

Mitos y leyendas de huachichiles. 2da. edición: SMA, Gto. 2024.

Catorce voces por un real. 2da. edición: SMA, Gto. 2024.

Haciendas del Altiplano. Historia(s) y leyendas. Tomo II. De la Independencia a la Revolución. 2da. edición: CdMx. 2023.

Mitos, relatos y leyendas de todo San Luis Potosí. 2da. edición: SMA, Gto, 2023.

Mitos, cuentos y leyendas de Nuevo León. Regiones Citrícola y Sur. Guadalajara, Jal. 2022.

EL MEZQUITE

Ubicación: El Mezquite, municipio de Saltillo, Coahuila.
Distancias: 70 km al sur de la cabecera municipal y capital del estado.
Giro económico: Agrícola, ixtlera y guayulera.

Descripción arquitectónica y condiciones hasta 2010

La tipología del conjunto de la casa grande es horizontal, con muchas habitaciones que en el pasado dieron albergue a la familia de los hacendados y a sus empleados de mayor confianza, así como el escritorio y a la tienda de raya. Es de una sola planta y muestra señales de destrucción por saqueo a cargo de los buscatesoros. La mayoría de los recubrimientos de las paredes se ve en muy malas condiciones o se ha caído. No hay rodapié ni franja de piedra en la parte superior para aplanar las juntas de los adobes, lo que ha incrementado el deterioro, pese al intento de reconstrucción.

Hacia el oriente hay otro conjunto, también horizontal y de una sola planta, que era el de los cuartos de los trabajadores. Pese a que esta área no ha sido objeto de remodelaciones, se conserva en buen estado, tal vez porque sí tiene rodapié de cantera en todo el derredor. Hoy en día los cuartos se utilizan como corrales.

Quedan pocos vestigios de los corrales originales y de la tallandería donde hervían, lavaban y secaban la fibra de palma. Los almacenes estaban enfrente del conjunto habitacional de los trabajadores.

No se sabe si hubo capilla en el interior de la casa grande. El templo de la comunidad es más reciente y se ubica hacia el norte de lo que fue el casco de la hacienda.

Nota: Después de haber estado abandonada y en vías de la ruina por mucho tiempo, un propietario empezó a reconstruir partes de la casa grande, aprovechando la estructura original y las divisiones de los cuartos, reforzándolos con castillos de hormigón para echar techos de placa sobre los muros de adobe. Su proyecto se vio interrumpido.

Reseña histórica

Siglos XVI-XVIII: En sus orígenes coloniales, estas tierras primeramente formaron parte del latifundio de Francisco de Urdiñola y luego, por herencia, al marquesado de San Miguel de Aguayo.

Siglo XIX: Las menciones históricas de principios de siglo catalogan a El Mezquite como rancho, sin especificar si era anexo de la hacienda de Santa Elena, que pertenecía a los Sánchez Navarro, o un rancho de la hacienda de Encarnación de Guzmán.

1868: Queda extinto y se fragmenta el gran latifundio de la familia Sánchez Navarro tras la caída del Segundo Imperio Mexicano, cuando por razones políticas y afinidades monárquicas a dicha familia le confiscaron sus tierras.

Siglo XX: Hacia 1900, se menciona a Anastacia viuda de Guzmán como propietaria de la hacienda El Mezquite cuando había 124 habitantes. Puede ser coincidencia que el apellido del esposo de esta mujer haya sido Guzmán, lo cual no infiere necesariamente linaje con Antonio Guzmán y Prado, el fundador de la hacienda de Encarnación de Guzmán.

» » La historia oral menciona a Alfredo Villanueva como el fundador de esta hacienda, cuando era también dueño de la hacienda de Encarnación de Guzmán.

» » Otros dueños, de acuerdo con la historia oral y sin precisar fechas, fueron Porfirio Ramos y después su hijo Eduardo Ramos, quien la recibió como herencia.

» » En la segunda parte del siglo XX, Ricardo Villarreal compró la hacienda a Eduardo Ramos. Se dice que aquél tuvo problemas legales con los ejidatarios debido a los títulos de propiedad y por eso prefirió vender.

HISTORIAS, ANÉCDOTAS, TESTIMONIOS E HISTORIA ORAL

1. En cuevas que se ubican en el cerro de El Fraile han encontrado muchas puntas de flecha que la gente se las vende a otras personas que llegan buscando objetos arqueológicos. Sin precisar el nombre del grupo prehispánico (tal vez huachichiles o irritilas), la gente sabe que esos chucitos los hacían "los indios de más *denantes*" para tirar con las flechas con sus arcos, y concluyen que vivían en esas cuevas porque allá es donde incluso han encontrado numerosos chucitos amontonados.
2. Sin precisar fechas, se dice que hubo una epidemia muy fuerte que mató mucha gente de la clase trabajadora, lo cual afectó a la hacienda El Mezquite porque luego no conseguían hombres para que laboraran las tierras o tallaran fibras. Dado que no se menciona el corte de guayule, es posible que tal epidemia haya ocurrido hacia finales del siglo XIX.
3. El hacendado era un hombre muy estricto y no permitía que hubiera perezosos entre sus trabajadores. A los flojos los corrían con todo y familia. Incluso a los niños los ponían a trabajar; no se les daba la oportunidad de estudiar.
4. Durante la Revolución llegó una caballada de villistas muy numerosa. El grupo venía de Torreón y fue recibido bien por el hacendado. Llegaron a un acuerdo y aquí se quedaron varios de aquellos hombres para proteger la hacienda en el caso de que llegaran los federales o los carrancistas.
5. Como antes no había bancos, en la época la Revolución los hacendados escondían sus riquezas donde pudieran. En El Mezquite han buscado tesoros, pero, según cuentan los lugareños, nada han encontrado. Dicen que esto se debe a que el hacendado prefirió enterrar las monedas de oro y de plata en lugares despoblados y no en las cercanías de la casa grande.
6. Las pacas de fibra de palma o de lechuguilla se enviaban a Saltillo por tren. Salían las carretas rumbo a la estación Santa Elena, siempre escoltadas por hombres armados porque había gavillas acechando en los caminos. De igual modo, cuando traían mercancías para la tienda de raya, los vigilantes armados custodiaban las carretas.
7. El guayule era transportado para su venta a la hacienda de San Tiburcio, Zac. Como no iba procesado, carecía de gran valor; por eso las gavillas no asaltaban las carretas cargadas de esta planta.
8. Don Francisco Sánchez Martínez recuerda lo siguiente: "Lo más importante aquí era la fibra de palma, aunque también había algo de agricultura de

temporal y pastoreo de cabras. Las cabras se criaban para consumo de carne y por su leche para hacer quesos. Luego en alguna época también se explotaba el guayule, aunque pagaban más por la fibra de palma y mejor la de ixtle de lechuguilla. Es que era más fácil cortar un kilo de guayule que tallar un kilo de fibra.

» » En aquellos años que yo recuerdo ya empezaba a escasear el ixtle. Luego aquí se hizo ejido y mucha gente seguía trabajando en la talla; de eso vivíamos muchos. No es que se haya acabado la lechuguilla, sino que cada vez había que ir más lejos a conseguirla. Salíamos muy de madrugada para ir a los cerros y conseguir diez kilos de ixtle como máximo. En aquellos años pagaban bien y a la gente no le faltaba dinero para comprar el maíz, el frijol, la calabaza y lo que necesitarán para comer y para vestir. Pero el problema es que empezó a bajar el precio del ixtle porque ya no lo querían comprar cuando empezó el asunto de las cuerdas que hacen de plástico y eso afectó mucho la economía de la gente aquí en El Mezquite.

» » Y más *denantes*, cuando todavía había hacendado y capataz, la gente trabajaba muy duro y aunque no ganaba mucho comoquiera le alcanzaba para comparar lo que necesitaba en la tienda de raya. En aquellos tiempos no había productos que trajeran de Saltillo, de Monterrey o de los Estados Unidos. Nada más estaba la tienda de raya y ahí se surtía la gente. Los hacendados la tenían muy bien abastecida porque también llegaban personas de otros lugares a comprar aquí".

9. Se dice que Ricardo Villarreal reclamó la hacienda como suya sin tener títulos legítimos de propiedad. Empezó a hacer mejoras al casco y a la casa grande, tumbando los techos antiguos para echar techos de placa. También trajo postes de concreto para el cableado de luz. Estaba ayudando a la comunidad ofreciéndole trabajo a la gente y pagaba bien. Sin embargo, dejó de venir y se cree que haya muerto. Ninguno de sus hijos, si acaso tuvo, jamás vino a continuar con este proyecto de mejorar lo que queda de la hacienda.
10. En cierta ocasión llegaron unas personas de Monterrey, quienes dijeron ser representantes de una compañía minera de Canadá, cuyo propósito era el de buscar metales. Luego de inspeccionar las tierras coloradas en la sierra de El Fraile, llegaron a la conclusión de que en esa región no encontrarían vetas importantes.
11. Hasta hace algunos años era común que llegaran personas de Monterrey o de Saltillo con aparatos para buscar tesoros. Preguntaban a los lugareños y donde éstos les decían que supuestamente se oían ruidos o se habían visto llamaradas, encendían el aparato y escarbaban. En la casa grande hay vestigios de excavaciones en tres puntos; no se sabe si encontraron algún tesoro o no.

Leyenda

Dos fantasmas en el cerro de El Fraile

En el cerro del Fraile hay un lugar que le llamamos La Aguja y allá los revolucionarios hicieron una cueva muy profunda para guarecerse y esconder el ganado que se robaban. Es tan grande que entraban todos a caballo. Eso no es todo: cerca de un picacho hay otras cuevas y allá escondieron cosas y tesoros. En aquellos años también pasaban las gavillas y andaban robé y robé las haciendas y metían lo que se robaban en las cuevas.

Y luego, cuando se acabó la Revolución, esa cueva en el picacho de La Aguja quedó como una plática porque decían las gentes de antes que los villistas escondieron un tesoro muy grande consistente en muchas cosas que se habían robado en todas las haciendas de por aquí, o sea que metieron parihuelas (cajas) llenas de monedas de oro, de joyas y barras de plata. Como ellos se tuvieron que ir para seguir con la Revolución, dejaron a dos encargados cuidando el tesoro, pero los dejaron como fantasmas, o sea que los mataron y a los dos los enterraron sentados, con sus carabinas 30.30 y carrilleras al pecho llenas de cartuchos, en la mera entrada de la cueva, uno a cada lado. Así ya muertos los dejaron como fantasmas para que cuidaran el tesoro.

Esas son pláticas de los viejitos de más antes, pero hay gente nueva que ha andado por aquellos rumbos y dice que asustan, que se aparecen dos fantasmas de dos *pelaos* grandes, mal encarados, con sus carabinas 30.30 apuntándole al que se quiera meter a la cueva. Y entonces las voces de esos fantasmas le dicen. "Te llevas todo o no te llevas nada". Casi nadie se mete porque ya está espantado con esos dos fantasmas, pero sí cuentan de muchachos valentones que se han metido y que han visto el tesoro muy grande, pero es tanto que no pueden cargar con todo y como las voces de esos dos fantasmas les dicen y les repiten que se lleven todo lo que hay o no se lleve nada, *pos* salen asustados y con las ganas de regresar otro día con varias mulas para poder cargar con todo.

Y aquí está el misterio: cuando regresan, ya no encuentran la entrada la cueva, o sea que se le abre así como al que le toca la suerte en ese momento que anda por ahí sin andarla buscando. La cosa es que no se pueden llevar nomás tantito, o sea que uno no puede echarse unas poquitas cosas en las bolsas y llenar el morralito con monedas porque eso no lo permiten los fantasmas. Ellos dan todo, pero sí uno no puede llevárselo, entonces no le dan nada y mejor hay que salir corriendo porque son muy traicioneros y pueden matar a uno. No es que lo maten a balazos porque esas carabinas 30.30 son semejanzas también, pero sí lo matan de susto y esto lo sabemos porque hay personas que se han muerto allá arriba en el cerro del Fraile y los han encontrado cuando ya los zopilotes andan dando vueltas. Luego sabemos que eran personas que querían sacar el tesoro, pero los fantasmas de la Revolución los mataron porque no pudieron llevarse todo.

Francisco Sánchez M.

EL PEÑUELO

Nombre original:	Sagrado Corazón
Ubicación:	El Peñuelo, municipio de Galeana, NL.
Distancias:	300 km al suroeste de Monterrey.
	95 km al poniente de la cabecera municipal.
Giro económico:	Agrícola, ganadero, ixtlero y guayulero.

Descripción arquitectónica y condiciones hasta 2010

El casco de esta hacienda es pequeño y está compuesto por cuatro conjuntos, todos de tipología horizontal; tres de ellos orientados hacia el este. La envergadura de la casa grande integraba las habitaciones de los hacendados, con una pileta de piedra al centro del jardín principal; la capilla, al sur; las habitaciones de los trabajadores domésticos en la parte trasera, así como algunos corrales y huertos. Todo este conjunto fue hecho de adobe con acabados de argamasa. Aunque la fachada parece ser muy austera, sin pilastras, dinteles o marcos de cantera en la puerta principal o las ventanas, en el interior todavía se pueden apreciar aspectos decorativos de cierta relevancia como arcos conopiales, tapices y cielos rasos. También hay detalles decorativos en el portón de acceso para las carretas.

Un segundo conjunto se encuentra al norte de la casa grande. Es de menor altura y más largo. Aquí estaban las oficinas, la tienda de raya, los almacenes y algunos graneros. El tercer conjunto, hacia el sur, separado de la iglesia, era donde se ubicaban las habitaciones de los peones. Y en el cuarto conjunto, hacia el sur con orientación norte, estaban las trojes. Hacia el oriente, enfrente de la casa grande, todavía se usan la noria y los abrevaderos.

Este casco se transformó en un pueblo conforme fueron adaptadas las construcciones originales en casas-habitación o comercios. Aunque los elementos antiguos se ven deteriorados, no están en ruinas.

La capilla, dedicada al Sagrado Corazón de Jesús, presenta una fachada de ladrillo, con arcos conopiales en tres lados, al igual que el de la puerta de entrada Esta torre estilo exonártex con campanario es algo poco común (otra similar lo encontramos en la hacienda Santa Teresa abordada al final de esta obra). En la parte superior tiene una torre campanario con arcos de medio punto. Está rematada por una cúpula con linternilla y almenas alrededor. El interior de la capilla, de una sola nave, es muy austero, con un altar de madera tipo retablo. Cabe mencionar que esta capilla es de las mejor conservadas en las haciendas de la región. Entre las imágenes tienen la de la Inmaculada Concepción y una pequeña del Sagrado Corazón, que era la peregrina, además de un óleo.

Nota: En esta hacienda había un cura de planta. En la actualidad pertenece a la parroquia de San José de Raíces y ocasionalmente viene el párroco a decir misas o para eventos especiales.

Reseña histórica

Siglo xix: No se tienen datos de la fundación de El Peñuelo (o Sagrado Corazón, su nombre original) como hacienda, pero se sabe que era anexa a la hacienda Las Margaritas, propiedad de Pablo Berlanga Valdés, nacido en San Isidro Labrador, municipio de Arteaga, Coahuila en 1835. Proveniente de una familia de terratenientes, fue dueño de otras haciendas en el sur de Nuevo

León, como La Chona, La Breña, La Hediondilla, San Francisco de Berlanga, San Isidro de Berlanga, San Isidro de González y San Jorge.

» » Otros miembros de la familia Berlanga tenían haciendas y ranchos en el estado de Coahuila. Por ejemplo, Francisco Berlanga era dueño de la hacienda de Ábrego, en 1868, mientras que el Lic. Tomás Berlanga en 1910 tenía tierras en Arteaga y San Antonio de las Alazanas.

1909: En diciembre, llega Leopoldo Ruiz y Flores, arzobispo de Monterrey, a bendecir el templo dedicado al Sagrado Corazón. Los Berlanga hicieron una fiesta muy grande e invitaron a todos sus trabajadores, pero no sólo a los de esta hacienda, sino a los que laboraban en todas las demás que también eran de su propiedad. Dicen que la fiesta duró tres días.

1927: Se ejecutan los primeros ejercicios de expropiación a la hacienda de El Peñuelo y queda fragmentada en predios que posteriormente pasaron a ser de los ejidatarios. Solamente la casa grande, huertas y algunos ranchos quedaron en propiedad de los sucesores de Pablo Berlanga.

1937: El 1° de mayo, se dicta la expropiación de tierras de las haciendas Las Margaritas y su anexa El Peñuelo, propiedad indivisa de los hermanos Leopoldo Berlanga Ramos (Galeana, NL.1873-1925) y Rutilo Berlanga Ramos (Matehuala, SLP 1881-), así como de Ramón Berlanga.

1962: Gregorio Garza Berlanga compra la superficie total de la ex hacienda El Peñuelo a la succión de Pablo Berlanga.

1965: El 2 de marzo, Gregorio Garza Berlanga vende tierras de agostadero de la ex hacienda a Ismael Gómez G.

1972: El 20 de julio, un grupo de vecinos solicita al gobierno el estado una segunda ampliación del ejido. El dictamen se resolvió en favor de los ejidatarios el 19 de diciembre de 1975, afectando tierras de la ex hacienda El Peñuelo que pertenecían a Gregorio Garza Berlanga, Margarita Berlanga de G., Gregorio Garza E. y Servio Rodríguez G.

Historias, anécdotas, testimonios e historia oral

1. Cuando El Peñuelo era una estancia o ranchería que pertenecía a Las Margaritas, los huachichiles quemaron los graneros y mataron a todos los trabajadores que allí vivían, en 1853.

   Nota: Esta versión menciona a los huachichiles, aunque existen referencias que la vecina hacienda de El Salado, hacia el sur, por esos años fue arrasada por los comanches.

2. Leopoldo Berlanga y su familia vivían aquí en El Peñuelo de tiempo completo, aunque él solía ausentarse por muchos días porque tenía que ir a otras haciendas que también eran de su propiedad.
3. A la esposa de Leopoldo Berlanga le decían doña Saudita y tenían una hija de nombre Berta, quien enseñaba a los niños a leer y escribir.
4. Una hermana de Leopoldo Berlanga se casó con un gachupín e hicieron la boda en los jardines

de la hacienda. A la fiesta vinieron muchísimas personas importantes de Monterrey y de San Luis Potosí, llegando todos en tren a la estación de San Salvador, Zacatecas al igual que la orquesta. Leopoldo le regaló a su cuñado la hacienda de San Jorge para que la nueva pareja allá viviera.

5. La gente trabajaba en el campo de 4:00 am a 4:00 pm. El capataz, Ventura Balderas, dirigía a los trabajadores a los potreros y las mujeres al mediodía iban a llevarles de comer. Regresaban los hombres a las cuatro de la tarde y todavía tenían que trabajar dos horas más en los graneros o en los corrales.
6. En la hacienda había gente que se dedicaba a tallar la lechuguilla. Ellos se iban por varios días a los cerros a tallar y regresaban cuando ya habían conseguido suficientes kilos de ixtle. Pero la lechuguilla empezó a escasear y fue cuando llegó la bonanza del guayule. Como en los territorios de la hacienda había mucho guayule, que antes no tenía gran utilidad, el hacendado cambió el giro y ordenó a los talladores que a partir de entonces se dedicaran a cortar guayule. Todo lo llevaban a la estación de San Salvador para de allá enviarlo a las haciendas con fábricas guayuleras, como la de San Tiburcio, Zacatecas.
7. En su época de esplendor, la hacienda de El Peñuelo contaba con carnicería, panadería, cocinas y vendían productos a otras haciendas o comunidades. Una vez a la semana se hacía una especie de tianguis en la plazoleta enfrente de la casa grande.
8. Cuando llegaron las noticias de la Revolución, los hacendados huyeron posiblemente a San Luis Potosí, aunque también se dice que Leopoldo Berlanga se fue a otra de sus haciendas y envió a su familia a la capital potosina. No alcanzaron a llevarse todas sus pertenencias, pero sí las cosas de más valor.
9. Después de la Revolución, cuando la casa grande quedó abandonada, llegó en cierta ocasión un hombre llamado Gregorio Berlanga, quien dijo tener los títulos de propiedad de la hacienda. Él vivía en Monterrey y, al morir, su viuda vendió lo que les correspondía.
10. Los Berlanga se llevaron la imagen del Sagrado Corazón original y se dice que ahora se encuentra en una iglesia en San Luis Potosí. Sólo dejaron una imagen más pequeña del Sagrado Corazón y otra de la Inmaculada Concepción. Años más tarde, un lugareño radicado en Pánuco, Veracruz, donó una imagen más grande del Sagrado Corazón y es la que ahora tienen en el altar.

Leyendas

Al que le toca, le toca

Cuentan que una vez andaban dos muchachos buscando unas chivas desbalagadas y uno de ellos encontró una cueva en la parte alta del cerro. Se metió a la cueva y estaba húmeda. Se le hizo muy curioso porque era temporada de sequía y comoquiera en esa cueva muy en alto había agua. Le gritó a su amigo que se había encontrado ese lugar tan raro y cuando el otro muchacho llegó, los dos se pusieron a ver qué había adentro la cueva. Entonces descubrieron que había un tesoro consistente en monedas y joyas que brillaban, aunque adentro estuviera casi a oscuras. Aparte del tesoro, vieron que había otras cosas. Como les dio miedo de que los tacharan de ladrones, mejor vinieron al pueblo para avisar a los mayores que se habían encontrado un tesoro. Varias personas fueron con ellos a buscar esa cueva y hasta llevaron costales para sacar el dinero y repartírselo por partes iguales. No me va a creer: resulta que cuando llegaron, los dos muchachos se quedaron bien sorprendidos de que no estaba la entrada de la cueva, y eso que habían dejado un morral en un árbol afuera. Lo curioso de todo esto fue que sus huellas estaban muy bien marcadas en la tierra y se acababan a mitad de pared, o sea la roca del cerro, y también el morral seguía colgado en el árbol, o sea que era el lugar correcto. Ahí estuvieron todos diciendo que esto y que lo otro y los mayores dijeron que de seguro esa cueva se cerró porque estaba encantada y se cerró porque, como dicen, "al que le toca, le toca" y como los muchachos no agarraron el tesoro que habían encontrado en el momento que se les ofreció, la cueva se cerró.

Ernestina Balderas García

La aparición de la virgen de la Peña

Cuentan que la virgen de la Peña (imagen que se encuentra en el cerro de El Peñuelo, a la cual le llevan flores y ofrendas el 12 de diciembre) se le apareció a una pobre señora que iba todas las tardes a llorar porque le mataron a un hijo en la guerra. Ella se sentaba en una palma para recordar a su hijo y lloraba y lloraba sin que nadie pudiera consolarla. Siempre que estaba allá llorando oía una voz que le decía que no se preocupara, que su hijo estaba descansando en brazos de Dios. Así ocurrió muchas veces, oyendo esa voz, hasta que se dio cuenta de que en una peña que hace muchos siglos se desbarrancó de la punta del cerro estaba la figura de la virgen y que era ella la que le hablaba. La señora se vino corriendo al poblado y le dijo a toda la gente lo de la aparición milagrosa. Al principio como que nadie le creyó porque decían que se estaba volviendo loca de tanto llorar, pero como ella les decía que sí era cierto, entonces fueron todos con ella nomás por no dejar. Ah, qué sorpresa tan bonita se llevaron cuando vieron que en la peña estaba una imagen de la virgen y llegaron a la conclusión de que sí era aparecida porque antes no estaba.

Ernestina Balderas García

EL POTRERO

Nombre original:	Los Pruneda
Ubicación:	POTRERO, municipio de CATORCE, SLP.
Distancias:	240 km al norte de la capital del estado.
	10 km al noreste de la cabecera municipal.
Giro económico:	Agrícola.

Descripción arquitectónica y condiciones hasta 2010

Visto de frente, de norte a sur, el casco de esta hacienda tiene aspecto de haber sido una fortaleza. Este fenómeno visual se debe al desnivel del terreno, es decir, al frente los muros eran muy altos, mientras que, en la parte trasera, eran bajos. El casco estaba compuesto por tres áreas de construcciones: al frente, hacia el norte, un edificio horizontal que posiblemente servía como tienda de raya y puesto de vigilancia. A un lado hay un portón que daba acceso a las carretas. Al otro lado, dividido por una larga pared interior, la puerta principal que conllevaba a la casa grande a través de un jardín muy amplio.

La casa principal tenía una escalinata doble. Había un jardín interior rodeado por habitaciones, éstas con puertas rectangulares con marcos de cantera. Es posible que este jardín haya estado techado alrededor, pues quedan restos de puertas con arcos de medio punto en lo que parece eran los corredores. Al fondo se encontraban el comedor, la cocina y el área de servicio.

Hacia el poniente había algunos graneros pequeños y las habitaciones de la servidumbre. Atrás del casco había una huerta; hoy en día es un terreno baldío.

Extramuros, hacia el norte, hay un templo inconcluso, de cantera y cuarterón. Se le conoce como la iglesia mocha. Presenta un frontón neoclásico con dos columnas de cantera. Las paredes son de tabiques de cuarterón, con rodapié de piedra. Tiene forma de cruz latina. En el remate de una puerta interior con arco conopial, que sería el acceso a lo que iba a ser el baptisterio, se lee esta fecha: octubre 30 de 1885.

A pocos metros de la "iglesia mocha" hay restos de un acueducto que abastecía de agua a las huertas de esta propiedad.

Notas: 1. Ésta fue la hacienda más rica e importante en los alrededores de Potrero y La Luz, donde hubo cuatro haciendas mineras más.

2. Aunque se dice que era hacienda de beneficio, adentro del casco no hay vestigios de que allí se beneficiaran metales, lo cual nos lleva a suponer que se trataba simplemente de la casa del hacendado y dueño de minas. Es posible, sin embargo, que en alguna de las trojes se almacenaran las barras de plata para luego ser transportadas a San Luis Potosí, a Cedral o a Zacatecas.

Reseña histórica

No parecen existir datos históricos sobre esta hacienda oficialmente llamada El Potrero, aunque popularmente se le recuerda como Los Pruneda, como tampoco hay información de otras haciendas que existieron en los alrededores. Esto quizá se deba a que la mayoría de los estudios e investigaciones se han hecho en torno a Real de Catorce.

1774: Sin precisar quién, se funda el paraje denominado Potrero principalmente con familias provenientes de Matehuala.

1778: El 27 de abril de, Ignacio Pruneda registra la veta El Patrocinio junto con Francisco Javier Padilla.

1806: El 14 de noviembre, María Gregoria Pruneda Pérez contrae nupcias con Sixto Báez Palos en la parroquia de la Purísima Concepción de Real de Catorce.

1841: El 1° de diciembre, Andrés Pruneda, Sixto Báez, Matías Aguirre (dueño de la hacienda La Presita) y otras personas más comparecen y testifican en torno al incidente de la mina La Concepción que se inundó y, por esa causa, dejó de ser "minable".

1858-1867: Durante las guerras de esta época, en Potrero hay movimiento de tropas que se abastecen en las haciendas habitadas.

1891: La Compañía Ferrocarrilera de Matehuala, S.A. tiende un subramal entre las estaciones de San Isidro, Cedral y Potrero. Se estima que los Pruneda hayan cooperado o fueron los encargados de construir este tramo férreo.

1885: Se lee esta fecha en una puerta interior de la "iglesia mocha" lo que sugiere que por esos años estaba en construcción. Se desconoce por qué se interrumpió el proyecto. Tal vez el dueño de la hacienda haya muerto entonces o se haya ido a la ruina, aunque lo cierto es que en ese tiempo había bonanza en las minas de Catorce y los alrededores.

1902: Se inaugura el túnel Ogarrio que dará impulso a la comunicación entre Real de Catorce y el poblado de Potrero, donde hay varias haciendas de beneficio.

1930: Debido a la debacle en las minas de Catorce, el ramal ferroviario que llagaba hasta Potrero dejó de prestar servicio.

1934: María Pruneda adquiere bienes de Gonzalo Morales mediante de un juicio sucesorio testamentario.

1937: Esteban A. Pruneda S. le compra a María Pruneda su porción de El Potrero.

1938: El 22 de diciembre, se dicta la resolución de repartir entre 49 campesinos 2,029 has expropiadas a los Pruneda.

1990: Los Pruneda Báez adquieren, mediante un juicio sucesorio intestamentario, el predio de Esteban A. Pruneda S.

HISTORIAS, ANÉCDOTAS, TESTIMONIOS E HISTORIA ORAL

1. Se cuenta que en la segunda mitad del siglo XIX, Santos de la Maza compró muchos terrenos en La Luz y Potrero. Es posible que él haya sido dueño de la hacienda de El Potrero. De ser correcta esta suposición, por fechas se puede especular que su hijo Gregorio de la Maza haya sido quien ordenó la construcción de la inconclusa "iglesia mocha".
2. El hacendado quiso construir una catedral frente a su casa. Su intención era darle tanta importancia a su pequeño latifundio como para convertirlo en una ciudad. Sin embargo, a juzgar por la construcción de la "iglesia mocha" sólo hay una estructura para un campanario, lo

cual no corresponde con el lenguaje eclesiástico, pues se sabe que las catedrales y santuarios llevan dos torres.

3. Para llegar a un acuerdo sobre la construcción del acueducto que se encuentra a pocos metros hacia el poniente de Potrero, hubo una reunión de vecinos y hacendados con el propósito de acordar cuánto dinero aportaría cada quien. El dueño de Los Pruneda fue quien más aportó, ya que extendería un ramal hasta su casa.
4. Para la visita oficial que hizo Porfirio Díaz a Real de Catorce, el dueño de Los Pruneda rentó el carro que transportó al presidente desde Matehuala.
5. Durante la Revolución, una mañana llegaron los carrancistas con el propósito de robar la casa grande. Como la puerta estaba cerrada, la tumbaron a cañonazos. Luego entraron y lograron llevarse lo que quisieron.
6. Una vez andaban varios hombres haciendo una zanja para tubería. Encontraron un túnel y lo recorrieron. Tenía algunas ramificaciones y una de ellas llegaba hasta la casa de los Pruneda; salía en una alacena detrás de la cocina. En ese túnel no hallaron tesoros.
7. Dicen los lugareños que mucha gente ha llegado a escarbar en busca de tesoros y que adentro de la casa grande han encontrado dinero. Como el casco no parece tener dueño, nadie de la comunidad impide que los buscatesoros anden en lo suyo. Dicen que tampoco hay interés oficial de preservar este monumento.

Leyenda

Un pastor, hijo ilegítimo del hacendado

Yo sé que había una hacienda muy importante allá en La Luz, cerca del camino que sube al Real de Catorce. Se llamaba que Los Pruneda, pero ya no quedan más que unas paredes, según me han platicado. Yo me acuerdo que la gente de más antes contaba que hace muchos años, cuando esa hacienda ya estaba abandonada, pero todavía estaban las paredes enteras y el portón de la casa también y las puertas y las rejas de hierro, o sea que la casa aunque estaba abandonada estaba en buenas condiciones, había un pastor de una familia muy pobre que se metía a pastorear. Decían que ese muchacho era descendiente directo del hacendado, pero era entenado, o sea que no era hijo legítimo. El hacendado nunca reconoció a aquel hijo que tuvo fuera de su matrimonio y no le dio el apellido y ni siquiera le daba trabajo, nada. El muchacho sabía que el hacendado era su papá y cuentan que cuando estaba el viejo en su lecho de muerte, aquel muchacho –era todavía chamaco– fue a despedirse de él y a darle las gracias por haberle dado la vida, aunque no fuera la vida de riquezas y lujos que sus medios hermanos sí tenían.

Entonces pasaron los años y que se viene la Revolución y la hacienda se quedó abandonada y aquel chamaco ya había crecido. Entonces, ya estando la casa abandonada, y como todo ese rumbo estaba casi solito porque no había trabajo porque no jalaban las minas, el muchacho pastoreaba cabras ajenas. Como la casa tenía buenos años de que nadie la cuidaba, pues había mucha maleza en los jardines y en las huertas, y el muchacho metía sus cabras para que ahí se alimentaran. Y mientras las cabras comían él se sentaba por ahí a pasar el rato. Luego oía ruidos y voces y el muchacho iba y buscaba de dónde salían o quién andaba por ahí, pero no había nadie; en los alrededores ni siquiera había casas todavía como dicen que hay ahora, o sea que todo estaba muy solo de a tiro. Al muchacho se le hacía curioso que se oyeran voces, pero no le daba miedo; es que estaba acostumbrado a oír ruidos raros en el monte.

Entonces, una vez, el muchacho le contó su mamá que se oían ruidos adentro de la casa y la mamá fue y le dijo a un hermano suyo. El tío acompañó al muchacho para ver de dónde mero salían aquellos ruidos. El muchacho le dijo exactamente dónde y él sí escuchaba ruidos en ese momento, pero su tío no. Comoquiera, el tío fue a traer un pico y unas palas y junto con el muchacho los dos se pusieron a escarbar en el punto exacto de los ruidos. Y sí, parece que no tardaron mucho rato y encontraron un cajón con barras de plata y muchas monedas. El muchacho fue a la casa de su tío por una mula y así cargaron con aquel cajón y se repartieron el tesoro. Lo malo de esto fue que el tío se murió a los pocos días –habrá sido por envenenamiento de los gases que avienta el metal que está enterrado–, pero mire que al muchacho no le pasó nada.

Entonces parece que con aquel dinero el muchacho se fue a vivir a Monterrey y se llevó a su mamá y a las hermanas que vivían con ellos. Compró casa y cuentan que el muchacho se convirtió en una persona muy próspera porque puso un negocio allá. Ah, y también se casó él allá con una muchacha de Monterrey. Y aunque era así como dicen, muy rústico, les dio buena educación a sus hijos que tuvo.

Y luego uno piensa por qué si los dos estaban juntos escarbando para sacar el tesoro y juntos abrieron el cajón con aquellas barras de plata y monedas, por qué el tío sí se murió y el muchacho no. Entonces uno piensa que el ánima del hacendado de esta manera le dio la herencia al muchacho, o sea que lo que no le dio en vida se lo dio después de la muerte y al muchacho le tocaba, pero a su tío no porque no era de la gente del hacendado. Por eso el tío se murió, porque no le tocaba disfrutar aquel dinero. Eso pienso yo…

Víctor Cruz

EL SOTOL

Ubicación: Santa Rita del Sotol, municipio de Cedral, SLP.
Distancias: 245 km al norte de la capital del estado.
25 km al norte de la cabecera municipal.
Giro económico: Agrícola, cría de ganado menor, ixtlero y mezcalero.

Descripción arquitectónica y condiciones hasta 2010

La tipología del casco de esta hacienda es interesante porque muestra dos conjuntos divididos por una calle que desemboca en la iglesia, alejada a pocos metros y ubicada en el centro de un solar. El material constructivo era adobe y piedra. Todas las paredes tenían aplanados que se cayeron por causa del abandono, el intemperismo y la destrucción de los buscatesoros.

En el conjunto de la casa grande aún se ven puertas y ventanas con cuarterón y dinteles de cantera. Algunas habitaciones tienen restos de pintura y detalles decorativos. Quedan indicios de arcos de cantera. Los cuartos estaban separados por muros de adobe. Todo se encuentra en ruinas.

El otro conjunto, de menor envergadura, era la unidad habitacional de los trabajadores. Estaba construida con adobe principalmente, sin ornamentos en las puertas o ventanas. También se encuentra en completa ruina.

A un lado de la casa grande, donde eran las caballerizas, hay un rodeo o "salón" de fiestas al aire libre que usa la comunidad. Varias trojes están abandonadas y el resto, en completa ruina. Una de ellas era cónica y se cayó hace algunos años. Sus restos se utilizan como gallinero en una casa particular.

Hacia el oriente del casco hay una represa, cuya cortina de piedra data de la época de esplendor de la hacienda. La iglesia es lo único que se conserva en buen estado, pero ya no tiene aspecto de antigua porque, en realidad, ha sufrido modificaciones importantes y poco afortunadas en su arquitectura. Aunque no hay evidencia visible y la tradición oral no lo menciona, es posible que haya existido una capilla antigua en ese mismo lugar o en los alrededores.

Nota: El silo derruido de esta hacienda es de los pocos ejemplos en el Altiplano potosino; hay dos en Santa María, municipio de Salinas; seis en un lugar llamado Noria de Conos, que perteneció a la hacienda de Maravillas, en Matehuala, pero el estilo, así como la altura y el material con que fueron construidos los hace diferentes. Aún más, en el Altiplano neoleonés existe un silo muy bien conservado en El Tecolote, municipio de Doctor Arroyo, que era una estancia o rancho de esta hacienda El Sotol.)

El Tecolote, NL

Reseña histórica

Aunque no se sabe con exactitud la fecha de fundación o quiénes hayan sido los propietarios, unas fuentes mencionan que a finales del siglo XVIII o principios del XIX era una hacienda de sustento. Esto puede interpretarse como de sustento agrícola o agropecuario, toda vez que los centros mineros y el crecimiento de población requerían de producción alimenticia.

1847-1848: Durante la primera intervención americana, hubo enfrentamientos armados en Santa Rita del Sotol, pues era la ruta entre Saltillo y Cedral.

1853: De acuerdo con Octaviano Cabrera Ipiña, el propietario de esta hacienda en este año era un hombre de apellido Estindi. No existen más referencias sobre él o sus descendientes.

1869: El 6 de octubre, se da un enfrentamiento entre fuerzas federales y bustamantistas. Los jefes bustamantistas, Mayagoitia y Macías disolvieron toda fuerza en El Sotol.

- »» El 12 de octubre, se da otro enfrentamiento, cayendo varios oficiales y hombres de las tropas antagónicas.
- »» El día 14, se hace un homenaje religioso a los fallecidos durante el enfrentamiento en El Sotol.

187-: Joaquín Mateo Sainz de la Maza y Gómez (1874-1916) es el dueño de esta finca con una superficie de más de 33,000 has. Él fue sobrino de Santos de la Maza, un acaudalado minero y terrateniente, propietario de Carbonera, entre otras haciendas de la región.

189-: Agustín Barrenechea Soberón compra la hacienda de El Sotol.

190-: Pedro Felipe Barrenechea López (1861-?) hereda El Sotol. En su época se explota el ixtle y el guayule principalmente. Él se había casado con Ignacia Farías, relacionada con la hacienda de Bocas. Fue presidente de la compañía minera Santa María de la Paz y acrecentó su riqueza al adquirir las haciendas de El Sotol y La Sauceda (municipio de Zaragoza, SLP) que no explotó adecuadamente por estar siempre en sus tierras del norte. Fue el fiador de Francisco I. Madero cuando estuvo recluido en la penitenciaría de San Luis Potosí y así pudo tramitar su libertad, aunque lo cierto es que escapó.

1914: La junta carrancista interviene la hacienda El Sotol, propiedad de Pedro Felipe Barrenechea, quien fuera alcalde en San Luis Potosí en dos ocasiones y tenía más aspiraciones políticas. El motivo: su filiación al huertismo. Esto lo llevó casi a la ruina, tuvo que huir del país, hipotecó sus bienes. Mariano Arguinzóniz Díez-Gutiérrez (1848-?) le prestó $115,000.00 a través de su esposa Luz Barragán. Él fue un rico empresario de Ciudad del Maíz y propietario de haciendas como la de El Salado. Al final se quedaría con los bienes de Barrenechea, aunque no se menciona a Arguinzóniz como propietario de El Sotol.

1924: La administración de rentas de Cedral remata la hacienda tras haberla enajenado por falta de pago de impuestos.

195-: Cuando se trazó la carretera 57 estaba originalmente planeada sobre el camino real que de Cedral pasaba por Presa Verde y de allí hacia el norte por territorios que antiguamente fueron de El Sotol.

1978: El 2 de marzo, se notifica a Pablo Aldrett Cuéllar que su finca la ex hacienda El Sotol ha sido señalada como afectable por los vecinos del pueblo de Zamarripa. La afectación surtió efecto en 1980.

HISTORIAS, ANÉCDOTAS, TESTIMONIOS E HISTORIA ORAL

1. Durante la Guerra de Intervención Americana salió una tropa de Cedral para interrumpir el avance de los norteamericanos hacia el sur. La tropa llegó a El Sotol y puso en alerta a los habitantes. Recibió alimento y cobijo y a la madrugada siguiente reanudó su marcha. Dos días más tarde se suscitó una batalla en tierras de la hacienda, pero nada ocurrió en las inmediaciones del casco.

2. En El Tecolote (hoy en día localizado en el municipio d Doctor Arroyo, NL), hacia el oriente, los hacendados tenían vigilancia permanente para que les avisaran si había movimiento de tropas en el camino real de Matehuala a Monterrey, vía Saltillo.
3. Se cuenta que el dueño de El Sotol no vivía aquí de tiempo completo, pero venía a menudo a ver a su amante, quien sí radicaba en la hacienda y fungía como administradora. Tuvo hijos con ella, pero no los heredó porque sobrevino la Revolución y se llevó a su segunda familia a otra parte.
4. Durante la Revolución, un grupo de carrancistas saqueó el casco de la hacienda, llevándose todas las cabras, tras haber asesinado y colgado a varios trabajadores que trataron de impedir el asalto.
5. Algunas personas recuerdan que, según contaban los ancianos, hubo en esta región dos épocas de escasez, ambas relacionadas con las crisis mineras en Real de Catorce: una a finales del siglo XIX y otra posiblemente alrededor de 1920. Cuentan que, durante la segunda crisis, la venta de ganado menor en la hacienda se vio afectada, lo mismo que en la producción de vino o en la venta de maguey para otras fábricas mezcaleras, como Laguna Seca. Lo único que mantuvo a flote la magra economía fue el ixtle, que en ese tiempo registró un auge al extenderse el mercado a otras ciudades del país.
6. A finales de la década de los años 20 del siglo pasado, llegó el rumor de que los cedillistas andaban arrasando cuanta hacienda encontraran a su paso. Éstos no llegaron a El Sotol, pero el hacendado tomó precauciones y huyó con su familia a Saltillo, dejando a un hombre de apellido Santana como administrador.
7. En algún momento del siglo pasado hubo mucha demanda de fibra, ya fuera de ixtle o de palma. Como los alrededores de las haciendas de El Sotol y de San Pablo estaban sobre explotados, los talladores tenían que ir más lejos y pasaban hasta una semana afuera de sus hogares para luego volver con carretas cargadas de fibra.
8. El silo se cayó por causa de un rayo. Se dice que, durante una noche de tormenta, le cayó un rayo provocándole una gran rajadura. Después, con el tiempo y con las lluvias empezó a desmoronarse hasta que se desplomó.

Leyenda

Las brujas mataron a un hijo del hacendado

Yo me acuerdo que más *denantes* contaban que uno de los hacendados de Santa Rita [del Sotol] tuvo un hijo muy mujeriego que le daba por enamorar a todas las muchachas que trabajaban ahí en la hacienda. Y si no las enamoraba, *pos* abusaba d'ellas, faltaba más. Y las pobres no se atrevían a decir nada porque podían perder la chamba, o peor: el capataz tenía la facultad de castigarlas a puros latigazos. Ah, pero mire cómo es la vida, todo lo cobra. Resulta qu'el hijo del hacendado enamoró o abusó de una chamaca qu'era de Albarcones –allá también fue hacienda; está *cerquitas* de Doctor

Arroyo– y quedó preñada. No, *pos* ella creyó qu'en teniendo el crío, el hijo del hacendado la iba pedir en matrimonio. Sí, Chucha, ganas tuvieras… ¿A poco un muchacho rico se iba casar con una campesina pobrecita de a tiro? *No'mbre*, eso nomás pasa en las telenovelas, *¿vedá*? Entonces parece que pa' que no se hiciera grand'el argüende, el mismo hijo del hacendado le dio buen dinero a la chamaca y la fue a dejar a Albarcones. Le dijo que nunca volviera a Santa Rita.

No, la chamaca no volvió, pero el hijo del hacendado pagó su falta. Es qu'el muy bruto no sabía que allá en Albarcones hay brujas hasta decir ya no. Sepa la bola si la mamá de la chamaca o alguna tía d'ella era bruja d'esas que saben convertirse en lechuza o si la chamaca contrató a una bruja pa' que le pusiera una friega al hijo del hacendado por abusivo. Pero la cosa estuvo en que, al poco tiempo, digamos que dos o tres meses después, una tarde andaban campeando las gentes allá en la presa y que se dejan venir las brujas. Nomás papaloteaba de tantas lechuzas y la gente qu'empieza a correr del puro susto; es que saben que a las lechuzas que son brujas no las puedes matar ni a balazos ni nada –parece que nomás rezándoles las doce verdades es la única forma de ganarles a esas brujas. Y que las lechuzas se le dejan venir al hijo del hacendado y lo corretearon, lo aliaron (golpearon con las alas) y lo picotearon hasta que lo dejaron bien muerto. No, dicen que fue una muerte muy horrible, pero *ansina* mero pagó su falta. Quién le mandaba andar abusando de las chamacas, y más de una qu'era de Albarcones…

¿Y sabe por qué se supo toda la verdad? Porque las lechuzas que son brujas hablan. Sí, dicen cosas. Y ya cuando terminaron de matar al hijo del hacendado, las brujas se fueron volando a Albarcones, pero iban diciendo: "Pa' que se te quite, desgraciado. Pa' que ya no andes preñando muchachas". ¿Cómo la ve? Cuentan qu'eso dijeron las brujas.

Don Jesús

JAZMINAL

Ubicación: Jazminal, municipio de Saltillo, Coahuila.
Distancias: 78 km de la cabecera municipal.
Giro económico: ganadero, guayulero e ixtlero.

DESCRIPCIÓN ARQUITECTÓNICA Y CONDICIONES HASTA 2010

Era común en los cascos de haciendas del Altiplano que el conjunto de la casa grande tuviera casi todo integrado. Jazminal es un buen ejemplo, aunque aquí observamos una pequeña diferencia: el templo se ubica al centro de la envergadura y divide la casa principal de las de los empleados domésticos y del encargado de la oficina y la tienda de raya. La primera estaba a la derecha del templo y las otras a la izquierda. Éstas parecen haber sido muy sencillas, con varios cuartos austeros, mientras que el hogar de los hacendados tenía puertas con arcos de medio punto entre algunas habitaciones. Por el costado de una de éstas, o posiblemente del jardín trasero de la casa, había un acceso exclusivo al templo.

Al fondo se encontraban los establos. En la actualidad sólo queda en pie una barda con arcos; es de adobe, y pese al deterioro por abandono, no se ha caído porque tiene rodapié de piedra en la base de casi todos los arcos. Este conjunto está en ruinas, excepto el templo.

Frente al conjunto principal, al norte, hay una pila en buenas condiciones, pero en desuso. Es enorme y muestra piso de mosaico rústico. Tal vez fue una alberca, pues no tiene el aspecto convencional de las pilas o pailas donde se lavaba la fibra de palma. Junto a la pila, hacia el oriente, quedan restos de una barda de piedra. Es posible que el casco haya estado bardeado.

Hacia el oriente, también en ruinas, había otro conjunto con casas de trabajadores. Los graneros se encontraban al poniente. Hay una troje que se ve sólida; hasta hace pocos años fue casa-habitación de alguna familia de la comunidad. Está abandonada. Atrás de ese conjunto se ubicaba la tallandería.

Como es habitual en los ruinosos cascos de las haciendas, el templo es lo que mejor se conserva y es parte de la comunidad. Aquí sólo lo abren en fechas especiales, como durante las fiestas patronales dedicadas a la Virgen de la Purísima Concepción (8 de diciembre). Dicho templo es muy sencillo en su fachada, con un campanario burdo como espadaña o remate.

Notas: 1. Esta hacienda se ubica dentro del municipio de Saltillo y sus territorios colindaban con el municipio de Parras. Hay algunas trojes de Jazminal que ahora se localizan en el lado de Parras.

2. Los propietarios actuales están reforestando los terrenos y tienen un proyecto de restaurar la casa grande como primera etapa.

RESEÑA HISTÓRICA

Siglo XVI: No parecen existir muchos datos históricos sobre esta hacienda, pero se sabe que eran territorios habitados por huachichiles hasta que, a finales del siglo XVI, fueron propiedad del capitán Francisco de Urdiñola (1550-1618), quien residía en Mazapil, Zac. y recibió incontables mercedes por haber pacificado esta región. Él así se convirtió en un gran terrateniente, principalmente tras contraer matrimonio con Leonor López de Lois, hija del capitán Alonso López de Lois. Dada la proximidad con Santa Elena o con Bonanza, siendo ambas de las principales haciendas de Urdiñola, es posible que Jazminal fuera entonces un rancho o una estancia menor de cualquiera de esas haciendas, y quizá se le conocía de otra manera.

Siglos xvii y xviii: Tampoco hay registros de Jazminal para estos siglos, pero no sería arriesgado especular que haya sido parte del gran latifundio de la familia Sánchez Navarro, el cual dejó de existir como tal en 1868.

Siglo xix: Gracias a las anécdotas históricas se sabe que el propietario de esta hacienda era el mismo dueño de Presa de Guadalupe, situada algunos kilómetros al sureste. Es muy probable que haya pertenecido al gran latifundio de la familia Sánchez Navarro (disuelto como tal en 1868), ya fuera como hacienda, estancia o rancho.

» » Hacia finales del siglo, la familia Madero extendió su latifundio en tierras guayuleras alcanzando haciendas zacatecanas como la de San Tiburcio y Gruñidora. En el lado coahuilense las haciendas del sur de Saltillo, como Presa de Guadalupe y Jazminal, eran parte de ese latifundio.

1905: Inicia la explotación del guayule en la región. La hacienda de Jazminal empezó una etapa de progreso.

1914: El 24 de enero, Eulalio Gutiérrez Ortiz, recién ascendido al grado de General de Brigada, ganó una batalla en Jazminal, para de allí seguir obteniendo victorias en otros combates que libró en tierras potosinas. Meses más tarde se convirtió en presidente de México (del 6 de noviembre de 1914 al 16 de enero de 1915).

192-: Los propietarios de Jazminal son los hermanos José María y Antonio Morales Prince. No se sabe a quién se la compraron ni la extensión territorial.

1934: Los hermanos Morales Prince son acusados de tener tienda de raya a la antigua usanza. La acusación no prosperó por ser infundada.

1935: Siguen los problemas entre los dueños de Jazminal y los ejidatarios, pero se resuelven de buena manera, según algunos datos del Archivo Municipal de Saltillo.

Siglo XXI: Se dice que, en la actualidad, el casco de Jazminal pertenece a los nietos de José María Morales Prince.

Historias, anécdotas, testimonios e historia oral

1. A principios del siglo xx, la producción ixtlera de la hacienda era tal que cada semana enviaban grandes cargas de ixtle a la estación Santa Elena para que fueran transportadas a Saltillo. Por otra parte, hacia la fábrica guayulera de San Tiburcio (municipio de Mazapil, Zac.) salían las carretas llenas de guayule. Ambos giros económicos dieron mucho trabajo en aquellos años hasta que se vieron trastocados con la Revolución, pero después continuaron por varias décadas más.

Planta de guayule (*Parthenium argentatum*)

2. Durante la época de bonanza del guayule, los dueños de Jazminal tuvieron problemas con sus vecinos de Presa de Guadalupe (al sureste) porque había terrenos guayuleros que no estaban bien definidos y quienes cortaban esa planta solían introducirse en tierras de la otra hacienda.
3. Tras el estallido de la Revolución, los carrancistas asaltaron primero el casco de Santa Elena y cuando venían para Jazminal el hacendado ya estaba enterado y fue a refugiarse con su familia a un rancho que tenía rumbo a Melchor Ocampo, Zac. Dejó dicho a su capataz que si llegaban los revolucionarios les dieran de comer a ellos y a sus animales, que los trataran bien, porque no quería que quemaran su finca, pues ya había escuchado rumores de que éstos prendían fuego a los graneros y a las trojes, aparte de abusar de la gente. Llegaron los revolucionarios, recibieron buen trato, y de todos modos cometieron tropelías, pero respetaron el casco. Algunos lugareños, cansados por el mal trato laboral de sol a sol que supervisaba el capataz, se unieron al grupo de revolucionarios.
4. En terrenos que eran de la hacienda, donde están las ruinas de trojes cerca de Jalapa (rumbo al municipio de Parras), hace varios años descubrieron esqueletos humanos. No se supo de quiénes hayan sido, pero como también encontraron una carrillera, entonces llegaron a la conclusión de que habían sido personas que murieron durante la Revolución y no recibieron cristiana sepultura. Luego de avisar a las autoridades, los lugareños decidieron llevar a enterrar aquellos restos a un panteón y un sacerdote ofició la misa de "esqueletos presentes".

Leyenda

Jacinta

Quién sabe por qué a esos cerros le digan las chichis de Jacinta. Bueno, uno puede imaginarse, pero la verdad es que no sabemos quién fue Jacinta, aunque parece que ella era una mujer que trabajó en la hacienda.

Me acuerdo que contaban que los viejitos de antes contaban que aquí vivió una bruja y yo creo que esa era la mera Jacinta y vivía sola en los cerro –quién sabe si tenía casa allá o qué porque no hay ruinas de casas. Aunque los cerros están muy cerquita de la comunidad, casi nadie va para allá en la noche porque dicen que asustan. Hay unas cuevas chiquitas, no están muy profundas, y quién sabe si será de ahí donde salen los espantos. También sabemos, porque son cosas que contaban antes, que hace muchos años ahí vivían los indios y ellos se subían a la punta de los cerros para rezarle a sus dioses o a sus creencias.

Pero de los espantos yo no sé muy bien qué sean. Cuentan que sale un mono enano, que unas ánimas, que el Diablo y que también Jacinta se aparece. Son pláticas y yo he andado por ahí con mis chivas hasta un poco después de que se mete el sol, pero a mí nunca me han asustado. Me da cosa andar por ahí en la noche, eso sí, pero no me han asustado. Donde sí me han asustado es allá en la mera hacienda.

Jesús S. Cerda

LA COCINERA

Ubicación: En la cabecera municipal de Villa de Ramos, SLP.
Distancias: 130 km al oeste de la capital del estado.
Giro económico: Minero.

Descripción arquitectónica y condiciones hasta 2010

Resulta difícil discernir cuál era el casco de esta hacienda, pues la historia escrita simplemente alude a que en Villa de Ramos hubo haciendas de beneficio, sin aclarar su ubicación, mientras que la historia oral menciona que La Cocinera fue una de ellas. Sin embargo, por la historia sabemos que en 1796 fue descubierta la mina La Cocinera. En cualquier caso, lo que se supone haya sido la casa grande –por algunas personas conocida como "la casa de las cien puertas"– es un conjunto de recias paredes de piedra que tienen un torreón de fundición al centro. Varios cuartos todavía conservan los arcos con columnas estilo corintio.

Frente a este núcleo, al norte, existe un caserón que bien pudo haber sido la casa principal. No ha sufrido alteraciones en su fachada, pero sí en los interiores que están divididos por casas-habitación.

Hacia el oriente había trojes de la hacienda. En años recientes fueron readaptadas para uso habitacional, así como para corrales de ganado menor. En ese sector hay también pilas donde se lavaba el material extraído de las minas.

En el centro de la población, cruzando la plaza hacia el norte, hay una casona que dicen era "del conde". Todo parece indicar que no era la casa grande de la hacienda, sino una finca donde se hospedaba "el conde" cuando venía al mineral de Villa de Ramos (posiblemente se trate del marqués de Jaral de Berrio, Juan Nepomuceno de Moncada, también conde de San Mateo de Valparaíso, o bien, de su hijo Mariano de los Santos Guadalupe de Moncada, propietario de la vecina hacienda de El Carro).

Reseña histórica

1610: Se funda el Real de Ramos a instancias del fraile Gerónimo de Pangua.

1618: El capitán Juan de Dozal Madrid descubre ricas minas de plata en el cerro de Santiago. Para entonces él mismo ya había fundado una hacienda de beneficio.

1794: Es descubierta la mina de San Juan Nepomuceno, mejor conocida como La Cocinera. Este hallazgo trae una segunda época de bonanza para Villa de Ramos. Por esos años debió haberse fundado la hacienda de beneficio.

1798: La Cocinera produjo ganancias por $918,000.00 pesos.

1815: Se suscita un combate entre las fuerzas realistas y los insurgentes al mando de Víctor Rosales, resultando éstos victoriosos. A la sazón hubo saqueos en la población, no así en la hacienda, pues ésta era casi una fortificación amurallada.

1891: Pedro Díez Gutiérrez vende todo el mineral de Ramos a T. S. Kirkland, de Milwaukee, Wisconsin, Estados Unidos. Él había sido dueño de varias haciendas de beneficio desde varias décadas antes.

Historias, anécdotas, testimonios e historia oral

1. El nombre original de esta hacienda o mina era San Juan Nepomuceno, pero se dice que un día de 1796 estaba un peón haciendo una excavación en la cocina de la casa grande y descubrió una veta de la plata –la más rica en la región– y gracias a eso le cambiaron el nombre por La Cocinera. Al correr el rumor de aquella veta tan rica, llegaron infinidad de gambusinos que descubrieron nueve yacimientos más, trayendo por consecuencia riqueza y trabajo a la población.
2. En la época de esplendor de este mineral había mucha vigilancia en la ruta de Real de Catorce a Zacatecas porque las gavillas siempre estaban al acecho. Aun así, hubo numerosos asaltos, ya que la cantidad de bandidos sobrepasaba a la de los policías.
3. En el subsuelo del pueblo hay tantos socavones que cuando alguien excava para poner los cimientos de una nueva construcción, encuentra los túneles. Se dice que varias personas los han recorrido y todos los ramales convergen en La Cocinera.
4. Hace algunos años andaban unos niños jugando pelota cerca de las ruinas de La Cocinera y en un momento determinado la pelota cayó en un pozo. Como no parecía ser muy profundo, se metieron a sacarla y grande fue su sorpresa al descubrir un jarrito con monedas. Salieron muy emocionados con el tesoro para llevarlo a sus padres. Para desilusión de todos, no eran monedas valiosas, sino monedas mal hechas o "numismáticos" que se acuñaron en Villa de Ramos a finales del siglo XIX y servían para el pago de los mineros.
5. En "la casa del conde" vivió un conde, sin que se precise su nombre (antes incluso le llamaban "el conde de las cadenas" porque cuentan que en el interior de la casa se encontró una placa de piedra tallada con cadenas). Cuando él llegaba a Villa de Ramos solía traer regalos para sus trabajadores y los habitantes. Como leyenda se dice que, en su lecho de muerte, ninguna de aquellas personas estuvo a su lado y el conde murió solo. Antes de fallecer, les llamó desagradecidas y lanzó una maldición, profiriendo que todo aquel que habitara esa casa también moriría solo. Como anécdota se sabe que en dicha mansión han muerto varias personas en completa soledad, al grado que las han encontrado hasta dos o tres días después del fallecimiento.

Leyendas

El túnel de Villa de Ramos a Punteros

Aquí hay un túnel, un túnel muy largo. En una casa de allá que tiene dos pilares –esa que le dicen la casa del conde–, el dueño una vez estaba arreglando un pilar y dio con el túnel; se metió y luego cuando pasó por la casa de un tío mío ya no le pudo seguir porque mi tío no le dio permiso. Es que mi tío oía los talachazos abajo de su propiedad y fue y le paró el alto.

Dicen que está muy grande el túnel y que corre por muchas casas de aquí de Ramos. Según esto, es el mismo túnel que viene desde la hacienda de Punteros (como a 40 km hacia el oriente) –muy bonita esa hacienda. No sé si los propietarios de la hacienda de Punteros y la de aquí del antiguo Real de Ramos hayan sido los mismos o estaban relacionados, que fueran de la misma familia. Pero para que hubieran hecho un túnel de hacienda a hacienda es porque se comunicaban y se protegían de esa manera. Como eran gentes muy ricas y tenían muchas barras de plata, entonces se protegían por abajo del túnel de los asaltadores porque aquí hubo muchos asaltadores en el tiempo de las minas del Real de Catorce.

Otras gentes han dado con el mismo túnel porque, como todos sabemos, corre por muchos lados, tiene muchas ramificaciones. Que yo sepa nadie ha llegado hasta la hacienda de Punteros por abajo porque, fíjese, hay que atravesar muchos cerros. Pero para que se cuente que ese mismo túnel es el que se comunica desde allá hasta aquí es porque debe existir.

Víctor Manuel Núñez

EL TÚNEL DEL CONDE

¿Si ha ido usted a Ramos? Bueno, allá también fue hacienda, ¿verdad? Pero acá dicen no era hacienda tan bonita como ésta (la de El Carro, en Villa González Ortega, Zac.) y eso que el conde Mariano era el mismo dueño. Ha de saber usted que él tenía muchas haciendas que heredó de su papá, que era el mero conde de Jaral de Berrio, y aquí construyó la iglesia y también construyó la de Villa de Ramos. Entiendo que el conde viejo se llamaba Juan Nepomuceno y por eso el conde Mariano, cuando se hizo dueño de las minas de Ramos, mandó construir una iglesia grande y trajo de España una imagen muy bonita de san Juan Nepomuceno para que fuera el patrón de allá. Creo que hubo pleitos con la gente porque el conde Mariano quitó la imagen que tenían antes y se la llevó a Ojo Caliente, algo así.

Pero le decía: cuentan que el conde Mariano tenía una casa muy bonita allá en Ramos –la que le mentan que "la casa del conde"– y cuando él quería ir para allá se iba por un túnel que debe salir de aquí y llega a su mera casa de allá. De esto que le cuento ya han pasado muchos años y se me hace que el túnel ya ha de estar todo aterrado, pero si eso es lo que cuentan es porque sí existía, ¿verdad?

Parece que el conde se iba en un carruaje por el túnel, un carruaje jalado por dos caballos. Imagínese, así de ancho estaría el túnel. Nunca iba solo porque siempre lo acompañaban dos sirvientes o alguien de la familia. Pero creo que no se estaba muchos días allá en su casa de Ramos, más bien iba por el dinero de las minas y luego se regresaba para acá o se iba a otras haciendas también por debajo de la tierra. Es que en aquellos años había muchos bandidos y había que tener mucho cuidado, ¿no cree usted?

Consuelo Torres, vecina de Villa de González Ortega, Zac.

LA CORCOVADA

Ubicación: Corcovada, municipio de Villa Hidalgo, SLP.
Distancias: 40 km al noreste de la capital del estado.
14 km al sur de la cabecera municipal.
Giro económico: Agrícola y ganadera; ixtlera y mezcalera.

Descripción arquitectónica y condiciones hasta 2010

El casco de esta hacienda, tipo amurallado, tiene dos conjuntos principales, el de la casa grande y el de las trojes, además de otros inmuebles aislados que eran cuartos de trabajadores o pequeños almacenes.

El conjunto de la casa grande tiene aspecto de fortaleza. Es una construcción de mediados del siglo XIX que posiblemente se hizo sobre alguna troje antigua o una casa pequeña, a juzgar por ciertos elementos arquitectónicos del XVIII. Por un lado, en la parte noreste se encuentran las habitaciones y áreas sociales rodeadas por un jardín con arcos de medio punto. Al lado derecho de la entrada se hallaba el escritorio u oficina; hoy es una habitación. Hacia atrás existe un traspatio donde, posiblemente, hubo una noria y un pequeño acueducto. Por otro, en la parte noroeste se encontraba la casa del ama de llaves o del mayordomo, donde también había áreas de servicio. Hacia atrás estaba la caballeriza de animales finos. En la parte sur de este conjunto se hallaban otros corrales, la tienda de raya, el almacén y un huerto familiar.

Luego de haber estado abandonado por muchos años, fue rescatado por sus nuevos dueños, quienes han rehabilitado muchas partes de la casa grande, como habitaciones, la sala, el comedor, la cocina y otras áreas, y rentan el espacio para eventos sociales y campamentos de verano. También se ha convertido en una especie de museo informal, gracias a los muchos objetos que han encontrado los lugareños y los prestan o donan a los nuevos propietarios para que se exhiban, conformándose así esta especie de museo. Cabe añadir que hay algunas partes que fueron adaptadas recientemente para la filmación de la película Hidalgo-Molière.

Por su parte, el conjunto de las trojes es una construcción muy sólida, cuya fachada da el aspecto de haber sido una casa, tanto por el tamaño y estilo de las puertas laterales, rectangulares con marcos de cantera, como por la puerta principal, con un arco de medio punto y acabados neoclásicos. Parece que esta construcción data de finales del siglo XVIII, cuando La Corcovada no era hacienda, y se dice que los primeros hacendados hicieron adaptaciones para habitar allí, a mediados del XIX, mientras se terminaba de remodelar o construir la casa grande. En este sector de las trojes estuvieron los corrales, la lechería y la quesería. En la actualidad se le da poco uso a este conjunto, pero se ve en excelentes condiciones.

La fábrica de mezcal y las trojes de ixtle, así como las pilas donde lavaban la fibra, se encuentran alejadas del casco y no han caído en la ruina, pues algunas de ellas siguen utilizándose por parte de la comunidad.

Reseña histórica

1790: Para estos años, La Corcovada era una estancia anexa de Peotillos o de Pozos del Carmen. Las trojes antiguas son testigos de esa época, cuando se le conocía como hacienda recatada (pequeña).

1858: Federico Staines Bevan (1808-1871) es dueño de La Corcovada sin saberse a quién se la compró. Él nació en Glasgow, Escocia y se estableció en San Luis Potosí, donde en 1840 se casó con Isabel Othón Reyes, hermana de Manuel Othón Reyes, padre de Antonia Othón Malabear (1844-1905).

1866: Antonia Othón Malabear contrae matrimonio con Edward Cownley Pitman (1843-1920) en San Luis Potosí. Él fue un hombre nacido en Liverpool, Inglaterra. Una vez avecindado en tierras potosinas fue empresario, banquero, minero y representante de la Compañía del Ferrocarril Nacional Mexicano. Fue intermediario financiero para el proyecto ferroviario porfirista en San Luis Potosí que pasaría por su hacienda La Corcovada y también fue accionista fundador del Banco de San Luis Potosí. Fue el gerente de la sucursal en la capital del estado. Entró a las actividades agrícolas y ganaderas cuando, apoyado por la fortuna de su esposa, adquirió la hacienda de La Corcovada.

Nota: En una tumba del panteón del Saucito, en la capital potosina, se encuentra la lápida de Eduardo C. Pitman, fallecido en 1920. A un lado está la lápida de Antonia Othón, fallecida en 1905.

1882: El 1° de febrero, se suscita una batalla en las cercanías de La Corcovada cuando Joaquín Verástegui, un militar que años antes había luchado contra las tropas imperialistas, derrotó a un ejército que contaba con más de 300 hombres a caballo.

» » Edward C. Pitman compra La Corcovada a su cuñada Isabel Othón viuda de Staines por $15,000.00. Es ese tiempo incrementa el territorio de la hacienda al adquirir dos terrenos colindantes: un rancho a Fulgencio Narváez y un potrero a Manuel Moctezuma. Con eso La Corcovada llegó a tener 6,769 has.

1901: Edward C. Pitman y Antonia Othón hacen una permuta con el gobierno por las tierras expropiadas para tender la vía férrea en terrenos de La Corcovada.

1903: La estación de ferrocarril en La Corcovada es un punto importante donde las máquinas se abastecen de agua. Ese hecho hace que haya mucho comercio y la hacienda empieza a producir quesos que se venden en San Luis Potosí y en Tampico.

1905: El 24 de agosto, fallece Antonia Othón de Pitman. Se hizo un inventario de la sociedad conyugal y sc rcparticron bicncs cntrc las hijas.

1920: El 5 de octubre, fallece Edward C. Pitman en San Luis Potosí.

192-: Nicolás Narváez compra la hacienda a los sucesores de Edward C. Pitman.

1937: Con la afectación de la Reforma Agraria, Nicolás Narváez vende lo que queda de la hacienda a Tomás López.

Siglo XXI: Desde hace más de una década la casa grande de La Corcovada y terrenos adyacentes pertenecen a la familia Algara Suárez, quienes se han dado a la tarea de rescatarla.

HISTORIAS, ANÉCDOTAS, TESTIMONIOS E HISTORIA ORAL

1. Durante la Guerra de Reforma y del Segundo Imperio hubo mucho tráfico de tropas por La Corcovada. Nunca asaltaron la casa grande o la tienda de raya porque en los predios del casco daban

alojamiento y servían alimento a los hombres de cualquier bando. A los suavos y los franceses del ejército de Maximiliano sí les permitieron hospedarse en el interior de la casa.

2. Como ésta fue una hacienda ganadera y lechera, había varios apaliadores (ordeñadores) y enviaban por tren la leche a Cárdenas. Los quesos se vendían también en Cárdenas y en San Luis Potosí y en Tampico.

3. En los días de cosecha llegaban las carretas cargadas y llenaban una de las trojes con mazorcas; el rastrojo lo dejaban en los campos para luego darlo como alimento a los animales. Había una troje más pequeña que era el almacén de las herramientas.
4. En la época de la Revolución, los carrancistas dejaron a muchos hombres colgados de los postes de telégrafos a lo largo de las vías de tren. Se dice que los dejaban como piñatas hasta que se secaban.
5. Don José Ortega cuenta lo siguiente: "Los carrancistas y los cedillistas evitaban llegar a esta hacienda porque le tenían miedo al tren; mejor dicho, le tenían miedo a los federales que siempre andaban en tren y como aquí pasaba todos los días, los carrancistas mejor ni se acercaban. Cuentan que una vez llegaron los soldados y entraron a la hacienda. Era un sábado y el hacendado iba a pagar la raya. Tenían costaleras de dinero para pagarle a toda la gente porque tenía tres ranchos y aquí se pagaba en la oficina; los ranchos eran Tanque de Luna, El Puerto y la Noria de Villegas. En eso llegaron los cedillistas a caballo y el hacendado se asustó y que corre, corrió a esconderse y hasta dejó los costales de dinero ahí. Pero tuvo la suerte de que venía llegando un tren con soldados y los cedillistas también se fueron. No alcanzaron a revisar ni a ver las costaleras de dinero porque cuando el hacendado fue a esconderse, estaba allí el abuelo de la mujer mía –él platicaba esta plática– y vio los costales y los empujó con el pie para esconderlos debajo de la mesa y también fue a esconderse. De rato, cuando ya se habían ido los cedillistas y también los soldados, regresó el hacendado muy preocupado porque sabía que le habían robado el dinero. Entró a la oficina y confirmó sus sospechas porque no vio los costales. Pero el abuelo de mi señora le dijo que nos apurara, que los había acomodado debajo de la mesa, y sí, estaba todo el dinero ahí; no faltaba nada".
6. El queso de adobera que aquí se producía en las primeras décadas del siglo xx estaba muy cotizado, pues aparte de lo que se enviaba a otras partes para venderlo, cuando pasaban los trenes de pasajeros, éstos siempre querían quesos para llevar.
7. Se cuenta que hace varias décadas un hombre afirmaba que le ofrecían la hacienda en $15,000.00, pero nunca la quiso comprar porque calculaba que requería por lo menos $40,000.00 pesos más para levantarla.
8. Se dice que en la época que Tomás López fue dueño de la hacienda, se la embargó el banco porque uno de sus hijos tenía deudas y atravesó los títulos de propiedad de La Corcovada.
9. Los techos de la casa grande se habían desplomado y se sabe que mucha gente vino exclusivamente a llevarse las vigas. Aunque hubo saqueo, nadie se llevó las rejas de los ventanales ni las puertas. Durante la reconstrucción pusieron techos de lámina y para que ésta no se viera, como solución colocaron paixtle o heno colgando de mallas.

Leyendas

Un fantasma vestido de charro

Dicen que ahí en la hacienda había algo –y hay–, pero no han sacado más que puro carbón. Hace varios años yo alcancé a ver a un hombre vestido de charro; andaba todo de negro como de charro. Antes estaba abierto el portón y desde afuera una vez íbamos cuatro amigos y vimos a ese hombre vestido de charro ahí adentro de la hacienda (cuando estaba abandonada). Nosotros creímos qu'era el que cuidaba la casa, pero no podía ser porqu'el que cuidaba antes ya se había muerto. Y *cuantimás* un charro elegante, *pos* no es pa' que anduviera cuidando una hacienda abandonada. Eso fue en la tarde y a mí y a los amigos como que nos dio cosa y no quisimos entrarle. Al día siguiente tres de nosotros nos metimos, pero primero tocamos pa' ver si había alguien, y como nadie salió, entonces nos metimos. Fuimos al punto donde habíamos visto al charro ese que le digo, y mire que ya estaba escarbado. Hallamos puros carbones regados por ahí.

Nosotros creemos que nadie ha sacado el tesoro que debe estar en es'hacienda; dicen qu'es un tesoro muy grande. Lo que sí sabemos es que una vez encontraron los huesitos de un niño chiquito, pero los sacaron y los volvieron a enterrar ahí mismo en un cuartito. *Ansina* lo hicieron los que hallaron ese cadáver porque pa' no meterse en líos con la ley, mejor lo volvieron a enterrar.

Ignacio Castillo

Dos tesoros en el área de las trojes

Platicaba la abuelita de la mujer mía que las trojes fue la primera casa porque todavía no había hacienda, o sea que la casa grande todavía no existía en aquel tiempo. Ahí en las trojes vivía un español y era muy malo porque a la gente humilde que venía a pedir limosna no le daba nada, ni caso les hacía. Pero a lo mejor no disfrutó mucho su dinero porque dicen que dejó dos relaciones enterradas. Una se la halló un maestro y otra, una señora. Dicen que ese español dejó allí un cajoncito de dinero, pero la señora se halló una olla. Lo malo es que se murió con los gases que respiró. Es que cuando hubo guerras escondían los dineros en donde fuera, en los caminos, o escarbaban debajo de un árbol.

El maestro daba clases en una troje porque ahí mero estaba la escuela –esto que le digo es de hace muchos años. Entonces un ánima le salía a la señora del maestro. En el mismo lugar siempre salía el ánima y el maestro le dijo a su señora que le preguntará al ánima que dónde estaba el dinero. Y fíjese que sí, dicen que la señora le preguntó y que sí encontraron el dinero en el lugar que le dijo el ánima.

Entonces ese maestro y su señora ya no amanecieron aquí, mejor se fueron con el dinero a otra parte. Mire que hasta el reloj de la escuela que entre los chamacos habían comprado se llevaron. Luego me acuerdo que decían que esas gentes se fueron a vivir allá por Tampico. Nomás dejaron la seña donde habían escarbado. Esto que le cuento fue hace como unos 65 o 70 años.

José Ortega

LA ENRAMADA

Ubicación: La Enramada, municipio de Moctezuma, SLP.
Distancias: 95 km al noroeste de la capital del estado.
15 km al sureste de la cabecera municipal.
Giro económico: Agrícola y ganadera.

Descripción arquitectónica y condiciones hasta 2010

El casco de esta hacienda presenta dos conjuntos. El de la casa grande, de tipología horizontal y una sola planta, ve trastocada su linealidad por el remate triangular de la capilla y su austero campanario. Este conjunto es rectangular y tiene el aspecto de estar amurallado en sus cuatro lados. Allí estaban la casa de los hacendados, los cuartos de trabajadores domésticos, el escritorio y oficina, la tienda de raya, el almacén o trastienda y un huerto familiar. En la parte trasera, separadas por un jardín, había otras áreas de servicio, corrales y graneros. Todavía se conservan paredes antiguas que han resistido el paso de los años y el intemperismo, pues estuvo semi abandonado por mucho tiempo, lo cual dio paso al deterioro. Las paredes estaban muy cuarteadas y algunos techos estuvieron a punto de caerse, pero los inquilinos actuales se dieron a la tarea de remozar algunas partes.

El otro conjunto, hacia el noroeste, tenía algunas trojes y los cuartos de los trabajadores. Alrededor de la casa grande estaban la fábrica de mezcal, otros corrales y las norias. Había dos norias, una de ellas a pocos metros al norte de la casa grande y era la que abastecía a la casa y a las huertas familiares. Todavía quedan restos del canal para acarrear el agua, el cual fue sustituido por tubería de concreto. Hacia el poniente del casco estuvo la mezcalera; aún se ven restos del molino.

El templo de la hacienda está dedicado a San José. Es parte de la comunidad, aunque se le da poco uso. Su fachada tiene un remate triangular y la puerta presenta un arco de medio punto enmarcado con cantera. Hay un solo campanario, muy sencillo, con arco ojival. El interior de la iglesia es de una sola nave con techo abovedado o de media caña. La decoración habla de la riqueza y buen gusto de sus hacendados, a juzgar por los frisos y motivos pintados a lo largo de los arcos de medio punto. Otro factor que habla de la riqueza e importancia son las imágenes y un óleo (éste muy deteriorado). El altar es de estilo neoclásico, hecho con cantera blanca. La puerta de acceso al baptisterio es de estilo "gótico", dándole así un toque ecléctico a todo el interior.

Reseña histórica

No se tienen datos precisos de estos territorios en tiempos coloniales. Pudieron haber sido parte de la hacienda de Guanamé o de la de Bocas.

Siglo xix: La Enramada posiblemente era un rancho o estancia de la hacienda de San Antonio de Rul.

186-: Como hacienda independiente, el fundador fue Pedro Zarzosa, nacido en Venado en 1845 y descendiente de Antonio Maldonado-Zapata (1639-1705), cuyos apellidos se relacionan con las haciendas de Guanamé y Peñasco, entre otras.

Siglo xx: Con la Reforma Agraria se formó el ejido La Enramada con tierras expropiadas a la hacienda. Los hacendados sólo tuvieron derecho de conservar la casa grande, partes del casco y 600 hectáreas.

» » La exhacienda La Enramada se ha mantenido en manos de la misma familia a través de los años. Ahora la administra uno de los bisnietos de Pedro Zarzosa, quien radica en San Luis Potosí.

Historias, anécdotas, testimonios e historia oral

1. Como ésta era una hacienda agrícola y ganadera, el territorio estaba dividido en dos partes, una para la agricultura, en las tierras bajas hacia el oriente, y otra para el ganado mayor, hacia el poniente.
2. Se cuenta que los hacendados tenían la costumbre de prestarse dinero entre sí. Por ejemplo, uno le prestaba a otro una mula de dinero y como pago con los intereses éste le entregaba dos.

» » Se dice que el hacendado radicaba aquí de tiempo completo con su familia, siendo uno de los pocos casos de propietarios que vivieron en sus haciendas, pues la mayoría tenía su residencia en San Luis Potosí u otras ciudades y dejaban administradores al cargo de sus tierras. Esta familia Zarzosa tuvo otras haciendas, como Las Clavellinas y San José de La Enramada. Incluso La Melada (en el municipio de San Luis Potosí) era de una hermana de ellos.

3. Durante la Revolución, los Zarzosa se fueron a vivir a San Luis por precaución, pues aquí llegaban grupos de revolucionarios o las gavillas a robar lo que pudieran.
4. Cuentan que en la misma época de la Revolución, una tarde pasaron por aquí varios hombres a caballo y llevaban arrastrando a otros hombres que habían capturado en la hacienda de Mortecillos. Se dice que los fueron a dejar los cadáveres en la hacienda de Bocas.
5. Cerca de la estación de tren hubo un enfrentamiento entre federales y carrancistas. La balacera no duró mucho rato, pues los federales sometieron con facilidad a sus enemigos. A los muertos los dejaron tirados por ahí, mientras que a los vivos los colgaron en los postes de telégrafos.
6. El mezcal que se producía en La Enramada tenía buena aceptación en el mercado potosino, donde se comercializaba principalmente, pero en realidad no podía competir con las mezcaleras grandes porque la producción era baja.
7. Don José Trinidad Trujillo cuenta lo siguiente: "Una vez un chamaco andaba con las cabras y encontró un abra. Se metió de pura curiosidad y se halló un jarrito que estaba tapado con cera. Regresó a su casa y se lo dio su mamá. Ella le pegó al tapón con una piedra y al destaparlo descubrieron que estaba lleno de monedas de oro. Luego, luego les llegó el peste del veneno y corrieron. De todos modos, el chamaco se enfermó, pero luego se alivió".
8. En la casa grande todavía se conservan paredes antiguas que han resistido el paso de los años porque, según cuentan, echaban sangre de venado en la mezcla, lo cual la hacía más resistente. Los dueños actuales iniciaron una reparación general en años recientes.

Leyenda

Tesoros, esclavos y fantasmas

El patrón aquí es San José, pero la fiesta principal se hace en honor a la Virgen de Guadalupe y se festeja el día 13 de diciembre porque el día 12 todos los músicos trabajan en San

Luis Potosí o en Bocas. Allá son fiestas grandes, y como éste es un rancho muy pobre, no hay dinero suficiente para contratar músicos. De todos modos, como al día siguiente los músicos ya no tienen trabajo, entonces sí vienen y cobran poquito.

Pero tocante a las leyendas, pues hay una que cuentan de la iglesia. Adentro, al llegar al altar, en el piso como que falta un ladrillo; es que dicen que ahí antes había dinero enterrado y eso decían porque allí espantaban. Ahí mero se escuchaban ruidos y también contaban que salían como llamaradas. Una vez varios señores fueron a escarbar y quién sabe si hayan encontrado algo porque dicen que todavía se oyen cosas ahí en la iglesia y que siguen espantando. Sí se habla mucho de los tesoros porque los hacendados de aquí eran muy ricos y cuando se fueron parece que no se pudieron llevar todo porque ya venían los bandidos de la Revolución acercándose y ellos, los hacendados, tuvieron que huir casi a la carrera. Pero ya para entonces habían escondido muchas cosas y quién sabe si la gente de ahora haya sacado algunos de los tesoros.

Cuentan que en las trojes que están atrás de la iglesia el hacendado colgaba a los esclavos que no cumplían con sus órdenes. Sí, cuentan que allá todavía espantan porque las ánimas de aquellos esclavos siguen penando. Aquí en el rancho se escuchan muchos espantos, la Llorona y cosas así; las ánimas siguen penando y más las de los esclavos porque a ellos no los enterraban en el panteón. Para que nadie supiera, el hacendado luego de ahorcarlos ordenaba que los dejaran colgados varios días hasta que empezaran a secarse –esto para que sirviera de escarmiento a los demás esclavos. Luego ya bajaban a los ahorcados y los enterraban por ahí, en cualquier pozo o lo que fuera. Con eso al hacendado nunca pudieron comprobarle ningún crimen. Lo que sí parece es que de repente han encontrado esqueletos que llevan a enterrar al panteón luego de que ya la policía da la autorización.

Antonia Trujillo

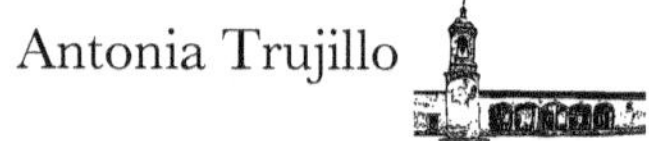

LA POBLAZÓN

Ubicación: Poblazón, municipio de Catorce, SLP.
Distancias: 220 km de la capital del estado.
22 km al noroeste de la cabecera municipal.
Giro económico: Agrícola.

Descripción arquitectónica y condiciones hasta 2010

La envergadura de la casa grande tiene aspecto de haber estado amurallada, rompiendo un poco con la tipología de las haciendas de campo, pues, además, tenía una iglesia-fuerte. Había tres fortines, uno en cada esquina, de los cuales sólo queda parte del que se encuentra hacia el sureste. En el lado suroeste no había fortín porque allí se ubica la iglesia, fortificada.

El complejo principal incluía la casa grande, la casa del administrador, así como las habitaciones de los empleados domésticos de mayor confianza. Del mismo modo, y viendo hacia el poniente, la iglesia estaba integrada.

El pequeño casco de la hacienda tenía casas para los trabajadores, establos y graneros. Había huertos familiares. Algunas de las trojes han sido remodeladas para uso habitacional. La oficina o escritorio, así como la tienda de raya, se encontraban en otro complejo hacia el sureste de la casa grande.

En la actualidad, la casa grande está dividida como casa-habitación de varias familias y en una parte se encuentra el kínder de la comunidad.

La capilla, de uso comunitario, es muy interesante por su estilo con detalles neobarrocos, pero más porque su estructura original fue diseñada como iglesia-fuerte para protegerla de las incursiones huachichiles. Al lado sur está el campanario con una espadaña triple. La fachada aún muestra detalles de pintura decorativa, pero ya muy deteriorados. En el interior se encuentra el altar dedicado a la Virgen de Guadalupe y varios nichos y lápidas de los Ávila que aquí fueron sepultados, así como una lápida recargada sobre un muro, dedicada a John Thompson, propietario de El Salado y que fue inhumado en este lugar.

Reseña histórica

1700: De este año son las primeras citas de estos territorios cuando Fabián Coronado era el dueño. Es posible que haya sido rancho de la hacienda de San Juan de Vanegas. No se sabe quién fundó La Poblazón como hacienda.

1800: El propietario es José Miguel Honorato de Ávila y Sáenz de Villela, quien desarrolló la hacienda con un giro agrícola para satisfacer la demanda de granos y alimento en Real de Catorce.

18--: Manuel Lucas de Ávila Mendivil hereda la hacienda tras la muerte de su padre. Años después se casó en Real de Catorce con María Catalina Muro González (1839-) y tuvieron tres hijos, dos de los cuales fallecieron de pequeños y fueron sepultados en la capilla de la hacienda. La menor, Ana del Refugio nació en 1867 y fue bautizada en Real de Catorce.

18--: Muere Manuel Lucas de Ávila Mendivil y hereda la hacienda y sus bienes a su hija Ana del Refugio Ávila Muro.

1896: Ana del Refugio Ávila contrae nupcias con John Thompson, quien era propietario de la casi vecina hacienda de El Salado. Tuvieron tres hijos, John, Guillermo Stafford (1897-1898), quien murió al año de nacido, y Alice Anne Therese (1898).

1898: Fallece John Thompson en su hacienda de El Salado; es inhumado en la capilla de La Poblazón. Su viuda decidió vender ambas haciendas.

1907: José Encarnación Ipiña Peña (1836-1912) compra La Poblazón. Él era un empresario y terrateniente que tenía muchas haciendas mezcaleras y de otros giros en Ahualulco y el Valle de San Francisco, como La Parada y Bledos, por citar sólo dos. Las escrituras quedaron a nombre de su hijo Roberto Ipiña Verástegui (1872-1919).

1917: A raíz de la Reforma Agraria, La Poblazón quedó fragmentada en tierras ejidales y sólo se respetó el predio de la casa grande para los dueños. Con el tiempo, este predio ha tenido diversos propietarios.

HISTORIAS, ANÉCDOTAS, TESTIMONIOS E HISTORIA ORAL

1. En las inmediaciones de esta hacienda pasaba un camino alterno y tributario de la ruta de la plata, que por los españoles era conocida como "la ruta del infierno", dado que en todo el trayecto había emboscadas huachichiles muy frecuentes que terminaban en masacres. En esta ruta alterna había varios fuertes, pero el de La Poblazón era el único tipo iglesia-fuerte.
2. La capilla está dedicada a la Virgen de Guadalupe. Cuentan que esta imagen la trajeron los Ávila de la Ciudad de México y que organizaron una fiesta que duró una semana para celebrar la llegada de la Virgen. A lo largo de esa semana, todos los trabajadores de la hacienda recibieron vacaciones con goce de sueldo y obviamente fueron invitados a participar en los festejos.
3. Alejandro Escudero Pumarejo narra lo siguiente: "Una tarde de 1898, John Thompson iba a caballo de El Salado a la estación de tren cuando empezó una tormenta eléctrica. Para protegerse de la lluvia se puso abajo de un árbol. Entonces le cayó un rayo. Se cuenta que le entró por el sombrero y salió por las botas; que los botones de su traje de charro eran de plata y que se hicieron como carbón. Sus restos fueron sepultados en la capilla de La Poblazón, donde aún existe la lápida".
4. En la época de la Revolución llegaban los villistas o los carrancistas con el propósito de robar lo que pudieran. Los hacendados entonces no vivían aquí, pero tenían administradores y guardias. Éstos, bien armados, se pertrechaban adentro de los fortines y a través de las ventanitas disparaban contra los intrusos. Defendieron la hacienda en diversas ocasiones y lograron evitar que los revolucionarios la incendiaran, aunque sí alcanzaron a vaciar los graneros.
5. Alice Thompson, hija de John William Thompson y Ana del Refugio Ávila Muro, fue a visitar la hacienda muchos años después de terminada la Revolución. Dicen que enfermó de tristeza tras ver cuán descuidada estaba la casa grande y advertir que las huertas se miraban secas, sin producir nada.
6. Hace como 30 años, un rayo destruyó el fortín noreste y cuentan que ese mismo rayo corrió por toda la barda y afectó el fortín sureste.

Leyendas

El hombre de blanco

Allá en la casa vieja que perteneció a la hacienda de Poblazón dicen que se aparecen muchos fantasmas y se oyen rumores. La gente de más antes platicaba que salía un hombre vestido todo de blanco en esa casa. No sé si era un hombre vestido de charro o nada más andaba de blanco, pero eso sí, platicaban que andaba muy elegante. Contaban que era un hombre también muy blanco con el cabello, así como castaño, pero traía sombrero y el pelo le sobresalía atrás –así sería como una trencita igual a la que trae usted. Habrá sido el hacendado o alguno de los gachupines que vivieron en la hacienda.

Esa aparición la veían mucho unas gentes que vivieron hace tiempo en lo que era la casa grande. Entiendo que ahora está medio en ruinas y que la habita otra familia, pero parece que ellos no han visto nada, aunque dicen que sí se oyen rumores. Yo me afiguro que el hombre vestido de blanco ha de ser un ánima en pena porque si no, no tiene razón de andar todavía apareciéndose.

La gente de antes también platicaba que a la mejor ese hombre de blanco era el dueño o alguien de la familia porque, según platicas, había un hombre que le gustaba mucho caminar alrededor de la hacienda y él no vivía en esa hacienda, sino que vivía en otra aquí cercas que se llama Tanque de Dolores. Las dos haciendas eran de las mismas gentes y cuando el hombre de blanco iba de visita a Poblazón, le daba mucho por caminar. Esa es una explicación que yo le puedo dar.

María del Socorro García

Escondieron el tesoro en la mina de La Relación

Aunque ésta fue una hacienda mucho muy rica, nunca hemos oído ruidos o cosas de tesoros. Se me hace que los dueños se llevaron todo cuando abandonaron aquí en la guerra de la Revolución. Pero allá arriba en la sierra, por el lado de Las Palmas, hay una brecha que sube hasta el cerro y por ahí existe una mina que le llamamos "la mina de la Relación" –parece que la anda trabajando un gringo. Según entiendo, en esa mina hay un tesoro muy grande que lo ocultaron unos asaltadores aquí del antiguo camino real de Catorce. Es que muchos de los asaltadores andaban en el camino real entre Catorce y Charcas y por allá escondían las riquezas, pero los federales ya sabían y rastreaban mucho aquellos rumbos. Entonces, esta otra gavilla escondió esa relación acá de este lado porque ellos sabían que los federales nunca los iban a buscar por acá.

Eso es lo que cuentan, y por algo ha de ser porque el gringo anda buscando ese tesoro, sino para qué le invierte dinero, ¿no? Hace como varios meses pasaron por la brecha muchas máquinas grandes, de esas que les mentan bulldozer y creo que es para abrir más la mina y poderse meterse hasta adentro y luego sacar las grandes costaleras de monedas y de barras que han de haber adentro.

Asunción Mata Colunga

LA PRESITA

Ubicación:	La Presita, municipio de Villa de Guadalupe, SLP.
Distancias:	200 km al noroeste de la capital del estado.
	15 km al norte de la cabecera municipal.
Giro económico:	Agrícola, ganadero e ixtlero; mezcalero.

Nota: A 5 km al sur de La Presita se ubica La Presa. Es un caso extraño que existan tan cercanos los cascos de dos haciendas con nombres tan similares y, al parecer, de diferentes dueños. Cabe la posibilidad de que no hayan sido contemporáneas, siendo una posterior que la otra cuando una se fragmentó.

Descripción arquitectónica y condiciones hasta 2010

El casco de esta hacienda se encontraba diseminado en varios conjuntos y da la impresión de haber sido una hacienda muy grande, cuando en realidad era pequeña en territorio, teniendo como giros principales la cría de ganado menor y la elaboración de mezcal, aunque había también agricultura y talla de lechuguilla.

El conjunto de la casa grande estaba casi amurallado, con tapias muy altas de piedra. En su interior se hallaban las habitaciones de los hacendados, áreas sociales y de servicio, los cuartos de los trabajadores domésticos, una huerta y corrales. En la actualidad habita allí una familia local y casi todas las habitaciones han sufrido modificaciones, principalmente en los techos que ahora son de placa. La cocina antigua también fue remodelada en años recientes, pero la chimenea se conserva intacta y sigue en uso. En la parte trasera estaba el huerto familiar y la caballeriza para los animales más finos. Hacia el norte estaba la cochera, a la cual se accedía por un portón rectangular con marco de cantera.

A un lado de este conjunto, hacia el sur y separado por una barda alta, estaba la fábrica de mezcal que parece fue añadida tiempo más tarde. Aún conserva una de las tahonas, así como los hornos que en la actualidad se utilizan como establos. También podemos ver ruinas de las tarjeas. Quedan ruinas de los canales de riego, caballerizas y norias. En la molienda de las piñas de mezcal hay canales a desnivel por donde corría el jugo antes de llegar al alambique. Más abajo, en una habitación almacenaban las barricas; de hecho, parte de esa habitación es ahora el cuarto de una casa particular que ha sufrido alteraciones en sus paredes originales, mientras que el resto ya no tiene techo. También hay un panadero antiguo. La puerta de entrada anexa a la casa grande, por donde se accedía a la mezcalera, tenía un arco de medio punto que se desplomó. La familia que habita esa parte del casco tiene planeado reconstruir dicho arco y otras áreas. El piso estaba empedrado y todavía quedan vestigios de eso.

En otro conjunto hacia el norte estaba la casa del mayordomo, así como la tienda de raya y la trastienda.

Un tercer conjunto, hacia el sur, resalta por tener una torre de vigilancia con campanario. Dicha torre es de tres niveles, el inferior recubierto con aplanado y los dos superiores de cuarterón o sillar. Está en desuso y presenta grietas en su estructura. En este conjunto había cuartos de trabajadores y en la actualidad ha sufrido cambios significativos, pues fue remodelado para uso habitacional.

Hacia el poniente estaban las trojes que se ven muy sólidas y siguen en uso. En una de ellas hace pocos años construyeron una iglesia para la comunidad. Hoy en día este conjunto está separado por la carretera. Cerca de las trojes hay una pila o era muy grande, en el centro del solar, donde paleaban el maíz, lo movían y lo dejaban secar y le quitaban el sollejo.

Saliendo de La Presita con rumbo a la hacienda La Presa, hacia el sur, hay una construcción con muchos arcos angostos y ventanales, lo cual parecería haber sido la antigua capilla, pero en realidad fue una troje donde se almacenaba el ixtle.

Reseña histórica

Siglo XIX: Estos territorios fueron parte de la extensa hacienda de Solís hasta mediados de este siglo, cuando se fragmentó en nuevas haciendas con diversos propietarios.

1811: En febrero, a principios del mes Miguel Hidalgo pasó por La Presita cuando se dirigía a los Estados Unidos con un pequeño ejército conformado por criollos y mestizos, así como por un nutrido número de huachichiles que se le había unido cerca de Venado y en Charcas. No se sabe si durmió en La Biznaga, en La Presa o aquí en La Presita.

1850: Para estos años, el dueño es Matías Martín y Aguirre (1767-1859), ya como hacienda independiente y sus territorios comprendían también La Presa. Él llegó a México en 1782 con su tío Francisco Miguel Aguirre Martín. Se convirtió en coronel y luchó contra la insurgencia. Después fue minero en Real de Catorce y con sus ganancias compró la hacienda de El Salado y San Juan de Banegas (ambas en el municipio de Vanegas), así como La Boca (en el municipio de Villa de la Paz).

1857: Cuando se funda el municipio de Villa del Ixtle (hoy Villa de Guadalupe), dentro de sus límites quedan las haciendas de Solís, Vallejo, La Presa y la Presita.

1863: El 24 de diciembre, pasan por La Presita Benito Juárez y parte de su gabinete conforme se dirigen al norte. La Presita era paso obligado en el camino real de San Luis Potosí a Matehuala.

1871: El 15 de octubre, fusilan en La Presita a un teniente de apellido García y a un sargento que habían robado piezas del telégrafo de la hacienda de El Salado.

Siglo XX: Francisco V. Ibargüengoitia es dueño de La Presita donde explota ixtle. Él fue un español llegado a México que tuvo como hacienda principal la de Calabacillas, en el municipio de Bustamante, Tamaulipas, cuyo giro principal era la explotación del ixtle de lechuguilla.

1937: El 11 de diciembre, Otilia N. viuda de Ibargüengoitia (también escrito Ibargüengoytia) tiene que sortear asuntos de la Reforma Agraria, pues en esta fecha le son expropiadas 1,864 ha de agostadero, en beneficio de 45 ejidatarios; se le respetaron 400 ha en Tanque Colorado.

1941: Asesinan en La Presita a Mariano Vázquez. Existe un monumento dedicado a este personaje, nacido el 19 de septiembre de 1922 y muerto en 1941. En el monumento se lee lo siguiente: "Mariano Vázquez, los campesinos por quien te sacrificaste en la lucha por el reparto de la tierra dedican éste a tu memoria".

HISTORIAS, ANÉCDOTAS, TESTIMONIOS E HISTORIA ORAL

1. Aunque no hay menciones históricas del fugaz paso de Miguel Hidalgo por estas tierras, en febrero de 1811 cuando La Presita era estancia de la hacienda de Solís, se dice que algunas personas que habitaban aquí guiaron al ejército insurgente hasta Matehuala por caminos poco transitados, pues se sabía que las fuerzas realistas de Félix María Calleja vigilaban el camino real.
2. Al centro del irregular casco de esta ex hacienda hay una torre con campanario. Dicen que era la torre de vigilancia, no de iglesia porque en esta hacienda no hubo iglesia. (La que ahora existe fue levantada hace pocas décadas).

3. Juan Gámez narra lo siguiente: "Aquí al campanario le cayó un rayo. Yo estaba niño cuando sucedió eso. Fue una noche que no había ni nubes, menos lluvia, y el rayo cayó en seco. Fue muy raro que un rayo cayera en seco, y me acuerdo que todos nos despertamos muy asustados. En la mañana

estaban todas las piedras regadas y vinieron de Villa de Guadalupe a auxiliarnos. Me acuerdo que arriba del campanario había un pararrayos y se cayó también; era un fierro que estaba en lo alto. En ese entonces la campana ya no estaba; se la habían llevado a Matehuala años atrás".

4. Se cuenta que, en la época de la Revolución, los perros y los coyotes en esta región se quedaron calvos. La causa: comían carne de los tantos muertos que quedaban tirados por ahí, y debido a la sal del cuerpo humano, esos animales perdían su pelo.
5. Los terrenos en La Presita ahora son ejidales, aunque muchos ya son de pequeños propietarios, como el casco de la hacienda que está dividido y sus habitantes tienen títulos de propiedad. En cierta ocasión llegaron varias personas a conocer la casa porque afirmaron ser los nietos o bisnietos de los antiguos dueños. Sólo vinieron a conocerla, no dijeron que ellos fueran dueños o tuvieran títulos de propiedad, simplemente querían ver cómo había sido la hacienda de sus ancestros.
6. Se dice que la esposa de uno de los dueños en el siglo XX se llamaba Cecilia, pero la historia oral no recuerda con quién estaba casada.
7. Se cuenta que a Mariano Vázquez lo mató un hermano suyo. Éste había sido contratado por el gobierno para perpetrar el asesinato o fratricidio porque Mariano había pasado un tiempo en los Estados Unidos y trajo ideas que no le convinieron al gobierno mexicano. Se dice que Mariano no hizo grandes cosas, no construyó, pero ayudó a la gente a organizarse, luchar por sus derechos y poder vivir mejor.
8. A manera de leyenda, la señora Valeria García Rodríguez cuenta lo siguiente: "Dicen que en alguna de las paredes de la mezcalera hay una charola llena de monedas de oro, pero nadie la ha podido encontrar, y eso que han escarbado y han utilizado detectores de metales. Cuentan que cuando los hacendados se fueron, enterraron sus riquezas y uno de los trabajadores platicaba que él sabía de esa pared porque él mismo había enterrado la charola".

9. Los lugareños cuentan que hay un animal muy antiguo y extraño en los corrales nuevos. Es un animal que muerde a las chivas y a los becerros y los deja secos; amanecen muertos, desangrados. Creen que se trata de una salamanquesca o una salamandra, pero nunca lo han podido ni siquiera ver. Este fenómeno también ha sucedido con algunas gallinas que amanecen con un pequeño orificio en el cuello y completamente secas, sin sangre. Un perro apareció muerto de la misma manera. Los lugareños creen que debe ser un animal que llegó de lejos, en alguna carreta con mercancías hace muchos años, y se ha reproducido, salvo que sea el mismo que no ha muerto y sigue afectando a los animales de corral.
10. También a manera de leyenda, Rosalía Carrizales Huerta cuenta lo siguiente: "Por este rumbo de la torre hemos visto una sombra que pasa. A muchos nos ha asustado, pero ya estamos acostumbrados y no le hacemos mucho caso. Mi abuelita contaba que era de un cura que le cortaron la cabeza.

    » Hace poco mi hijo sacó una foto de la torre con el celular. Vimos la foto con cuidado y se ve la figura de alguien que no estaba cuando la tomó. Es la figura de una persona, de fantasma, que estaba parada en uno de los arcos de la torre. Hay muchas leyendas de esta torre, por ejemplo, de ese padrecito de la época de la hacienda que supuestamente todavía se aparece. Es que sabemos que aquí murió mucha gente así de manera trágica cuando la época de los hacendados y a lo mejor sus ánimas siguen penando. Eso creemos, pero el fantasma que salió en la foto es algo muy curioso".

11. Hace pocos años llegaron unas personas a conocer la hacienda y cuando vieron la tahona quisieron comprarla, pero los lugareños se rehusaron a venderla.

Leyenda

Tesoros convertidos en víboras o en carbón

Aquí han buscado tesoros, han escarbado por varias partes. Hasta platican que hay una bota de toro llena de monedas de oro. Una vez vinieron unas personas con aparato y anduvieron escarbando casi toda la noche, pero no encontraron nada. Han platicado de gente que se ha encontrado dinero y con eso se han ido a vivir a Monterrey o al otro lado. Mi bisabuelo, José Estrada, dejó a su señora y se fue con otra a Reynosa. Allá compró casa y como supuestamente se había ido sin nada, entonces creyeron sus familiares que se había hallado algo y con eso se fue.

Una vez nos salió una víbora grandota, pero viborota muy grande con ojos redondos que le brillaban bien feo. Dicen que eso son dineros encantados porque antes los hacendados o los ricos metían su dinero en pieles de víbora y las cosían, luego las enterraban y por eso ahora se ven las semejanzas de víboras, pero son encantos. Dicen que para quitarle el encanto a una víbora que es dinero hay que aventar un sombrero porque el sombrero, o una cachucha, asemejan la corona de Cristo y cuando le cae al animal se convierte en lo que es, o sea que se le quita el encanto y queda solamente el cuero de víbora lleno de dinero.

Ese viborón lo han visto en varias partes aquí en las tapias viejas de la hacienda y es tan grande que no puede ser víbora de verdad. Toda la gente que la ha visto va y busca a alguien para que le ayude y cuando regresan al lugar donde estaba el animal ya no está y lo más curioso es que no quedan ni rastros de que hubiera estado allí o de dónde se hubiera metido. Cualquier víbora por chiquita que sea deja rastros por donde se arrastra y ese viborón que le digo no deja rastros de nada y por eso sabemos que es un encanto.

Allá para la loma una señora se halló un jarro de dinero, pero era un jarro de dinero que resultó que era un jarro lleno de puro carbón. La gente se burló de ella y le dijo que para qué lo había levantado. *No'mbre*, de puro coraje fue y lo tiró de vuelta a la loma y otra gente le dijo que para qué lo tiraba, que eso era dinero, pero por envidia se había convertido en carbón. Así son las cosas, los tesoros se convierten en carbón cuando hay envidia, pero siguen siendo oro y se convierten otra vez en oro cuando no hay envidia.

Rosalía Carrizales Huerta

N.º 49

El C. Lucas F. Baez manifiesta al C. Presidente municipal el capital que posee, para los efectos de la Ley de Contribuciones vigente en el Estado, cuyo capital está ubicado en Antonias

NÚMERO DE BIENES			DETALLE DE BIENES	[illegible]	CAPITAL				[illegible]		[illegible]	
[illegible]	[illegible]	[illegible]			[illegible]		[illegible]		[illegible]	[illegible]	[illegible]	[illegible]
[illegible]			[illegible] gostadero en Antonias [illegible]									
			[illegible] y Canal	$	$ 159	14 $	[illegible]	57		7 60	[illegible]	[illegible]
.644		21	[illegible]									
			[illegible] en Antonias	$	$ [illegible] 00	$ 11	00			18	[illegible]	[illegible]
5		10	Cinco yuntas de bueyes	$	$ 125 00	$ 1	25			1 25		[illegible]
5		15	Cinco vacas de vientre	$	$ 40	$ [illegible]	40			40		40
2		10	Dos becerros de dos años	$	$ [illegible]	$	[illegible]			8		[illegible]
1		[illegible]	Un caballo manso	$	$ 10	$	10			10		[illegible]
			[illegible] de fincas en Antonias	$	$ 300 00	$ [illegible]	75	600		1 80		[illegible]
			[illegible] de Estanque $ 100 00 $									
			[illegible] de [illegible] Pinos $ 20 00 $									
			Suma [illegible]		3002	14 $	28	11		$ 28.93		

10 Once [illegible]

3 [illegible]

Bustamante, Septiembre 11 de 1899.

Por el manifestante

Adelaido Guerra

Se aprueba [illegible]

[illegible] 259

LAS ANTONIAS

Ubicación: Las Antonias, municipio de Bustamante, Tamaulipas.
Distancias: 75 km de Ciudad Victoria.
15 km al poniente de la cabecera municipal.
Giro económico: Ganadero; ixtlero.

Descripción arquitectónica y condiciones hasta 2010

El casco, muy austero por no tener elementos decorativos relevantes, de esta hacienda integraba varios elementos en el conjunto de la casa grande: habitaciones, cuartos para los empleados domésticos, oficina y tienda de raya (en la esquina sur) y algunas trojes. Era horizontal, teniendo la casa principal un tanto salida y el resto como un metro hacia adentro. En éstas las paredes son un poco más altas, sin ser de una segunda planta. Entre los materiales constructivos destaca la combinación de piedra con adobe. El rodapié estaba bien definido, así como la franja de piedra en la parte superior para aplanar las juntas de los adobes. En la esquina norte había una troje con un contrafuerte convencional y otro que también hacía las veces de guardacantón.

La fachada de la casa grande se ve aún sólida, aunque ya ha perdido la mayor parte de los aplanados. Era simétrica, con la puerta principal al centro y dos puertas menores a ambos lados. Ha sufrido algunas modificaciones a través del tiempo, por ejemplo: alrededor de las cuatro puertas laterales hay cuarterón como si fuera cantera decorativa. En dos casos, sin embargo, sí se utilizó cantera, lo cual puede indicar una remodelación tardía, es decir, siglo xx. Estas puertas tienen dinteles que se ven deteriorados. Ahora bien, como clara muestra de "modernidad", las paredes alrededor de la puerta principal y de las dos hacia el norte tienen recubierta de cemento.

En el interior hay partes en ruinas. Varios cuartos antiguos han sido adaptados como casa-habitación y se les han añadido techos de lámina. Asimismo, han agregado bardas de block industrial en la parte trasera.

La mayoría de las trojes en los alrededores es también de uso habitacional. Las caballerizas antiguas siguen utilizándose para el mismo propósito, al igual que algunos graneros. El templo es parte de la comunidad y se encuentra hacia el sur del conjunto principal.

Reseña histórica

No se tienen datos de esta hacienda en los siglos xvii, xviii o la primera mitad del xix. Por su ubicación es posible que haya sido estancia de la hacienda de Cerros Blancos, NL o de alguna hacienda ahora en el municipio de Bustamante, Tamps. como El Capulín, El Gavilán o El Caracol, o bien, del extenso latifundio jesuita de San Agustín de los Amoles, SLP.

Siglo xviii: A principios de este siglo hubo un gobernador y general llamado Francisco Báez de Treviño que acaparó muchas tierras en el sur del Nuevo Reino de León. Podría especularse que haya sido el dueño de esta hacienda tamaulipeca con colindancias con Nuevo León y se conservó entre la descendencia a través del tiempo. Lo cierto es que se desconoce la fecha de fundación de la hacienda o quiénes hayan sido sus dueños. Tampoco se sabe por qué la hacienda, y por ende la población, se llama Las Antonias.

1876: Los pocos apuntes históricos conocidos sobre Las Antonias mencionan que los propietarios eran Lucas F. Báez Acuña y uno de sus hermanos, que pudo haber sido Severo Báez, quienes extendían su latifundio hasta el vecino municipio de Guadalcázar, en San Luis Potosí. Por la tradición oral sabemos que uno de los dueños posteriores fue Porfirio Báez.

»» El 18 de noviembre se suscita "La batalla de las Antonias", cuando la rebelión del general Porfirio Díaz contra el presidente Sebastián Lerdo de Tejada ya estaba muy avanzada. A esta batalla se le llama así debido a las 500 mujeres que, dirigidas por Servando Canales, lucharon afanosamente y derrotaron a dos mil hombres del ejército lerdista que había salido de Monterrey y era comandado por Pedro Martínez González, dándose así la segunda batalla más importante que perfiló a Porfirio Díaz a la presidencia de la república. Este hecho sentó el precedente de las "adelitas" o "soldaderas" que tanta fama ganaron durante la Revolución.

»» Existen versiones que ponen en tela de juicio el evento, pues se dice que en un censo realizado en Las Antonias en aquel tiempo, había poco más de 500 mujeres, incluyendo niñas y ancianas, quienes obviamente no hubieran participado en la contienda. Sin embargo, es posible que, de haber habido tal número de mujeres combatientes, muchas hubieran llegado de poblaciones vecinas.

»» En esa misma fecha, un coronel llamado Eugenio Loperena murió durante "la batalla de Las Antonias".

189-: Dada la importancia histórica y económica de ese lugar, los habitantes quisieron independizarse del municipio de Bustamante para crear un municipio libre con el nombre de "Villa de Loperena", en honor al coronel, teniendo a Las Antonias como cabecera. La iniciativa fue rechazada por el gobierno estatal.

1899: 11 de septiembre, un documento encontrado en el archivo histórico de Tamaulipas muestra el pago de impuestos que hizo Lucas F. Báez en torno a Las Antonias.

19-: Al morir Lucas Báez, quien también tenía varias propiedades rústicas en el sur de Tamaulipas, sureste de Nuevo León y noreste de San Luis Potosí, heredó Las Antonias a su hijo o sobrino Matías Báez.

1937: Aunque se desconoce el total de superficie que llegó a tener esta hacienda, es sabido que con la repartición ejidal perdió casi todos sus territorios. Incluso el casco pasó a ser pequeña propiedad.

Historias, anécdotas, testimonios e historia oral

1. Varios trabajadores tuvieron problemas con el hacendado y no sólo perdieron el trabajo, sino que fueron corridos de allí junto con sus familias. Trataron de encontrar empleo en otras haciendas de la región, pero en ninguna les dieron porque su antiguo patrón había extendido el rumor de que esos hombres eran ladrones. Quizá no habían sido tal, aunque luego sí se convirtieron en eso tras conformar una gavilla que tomó Las Antonias como su hacienda favorita para robar. Cuentan que cerca de un lugar llamado La Joya, los gavilleros escondieron muchos tesoros.

2. Esta región es tierra de osos, pero raras veces se les ve en los lugares poblados. Sin embargo, hubo un tiempo de sequía tan fuerte que los osos se vieron en la necesidad de buscar alimento donde fuera, y lo encontraron en los corrales o en las áreas donde pastaba el ganado. Dicen que mataron muchas reses en aquel tiempo.
3. Durante la Revolución, la gente de Las Antonias buscaba refugio en La Cardona (municipio de Mier y Noriega, NL) o viceversa, dependiendo de donde vinieran los revolucionarios. En cierta ocasión, sin embargo, los de Las Antonias huyeron a La Cardona porque escucharon el rumor de que los bandidos venían de Bustamante. A medio camino se encontraron a las familias que iban huyendo de La Cardona porque los revolucionarios venían avanzando desde Mier y Noriega. Como ninguno quiso regresar a su pueblo en ese momento, se tomó la decisión de buscar refugio en las cuevas. Estuvieron allá tres días. Después, cuando todos volvieron a sus respectivos pueblos, se llevaron la sorpresa de que no habían pasado los revolucionarios por ni uno ni otro.

Leyenda

Las escrituras de la hacienda y un encanto dejado por Matías Báez

Me contaba mi papá –Pedro Báez se llamó él, que fue el dueño de esta hacienda (la de San Ignacio, en el municipio de Guadalcázar, SLP)– que cuando se dejó venir la Revolución, el papá de él, o sea mi abuelo Porfirio Báez, había escondido sus riquezas en un lugar muy secreto de Las Antonias. Era el mismo lugar donde su papá, mi bisabuelo Matías Báez, había guardado sus propias riquezas. Entonces, cuando se dejó venir la Revolución, mi abuelo Porfirio en vez de correr rumbo a La Cardona o venirse acá a San Ignacio, mejor se fue a esconder a una sierra que le dicen que el cerro de la Cueva. Más que esconderse, él fue para allá a esconder las escrituras de la hacienda. Como nadie ha podido encontrar esas escrituras, la hacienda de Las Antonias no ha sido reclamada legalmente por algún heredero.

Y también contaba mi papá que allá en Las Antonias hay un sótano donde están muy bien acomodadas las cajas con monedas de oro, con barras de plata y muchas joyas y también los muebles antiguos y muchas cosas que mi bisabuelo y mi abuelo dejaron. Pero nadie puede sacar esos tesoros porque hay un encanto, eso me decía mi papá. Es que es así como un encanto que sólo se puede deshacer si entra al sótano un descendiente de pura sangre de mi bisabuelo don Matías. El descendiente tiene que entrar sólo a la medianoche, sin luz ni nada, y el espíritu de don Matías le va abrir una puerta que está sellada y le va entregar todas las riquezas. Quién sabe si sean puros cuentos que contaba mi papá, pero el encanto no son solamente las riquezas, sino que también las haciendas van a recobrar su grandeza de antes.

María Santos Báez García

LOS PATOS

Nombre original: El Pato
Ubicación: En la cabecera municipal de MATEHUALA, SLP.
Distancias: 195 km al norte de la capital del estado.
Giro económico: Minero.

Descripción arquitectónica y condiciones hasta 2010

Por tratarse de una hacienda minera, la estructura del casco es muy distinta a la de las haciendas de campo. En muchos casos no hay casa grande, sino oficinas, tal como sucedió aquí en Los Patos.

El complejo de las oficinas consta de un edificio plano, de una sola planta. Fue construido con adobes y acabados de cuarterón (también llamado cuartón o sillar). Hay un portón rectangular, ventanas también rectangulares y otras con arcos de medio punto; dos de ellas parecen haber sufrido una remodelación reciente, dado que presentan acabados de piedra azul que contrasta con el color amarillento del cuarterón. Hay dos construcciones anexas: hacia el suroeste, una siguiendo el mismo estilo, y al sureste, otra con terraza y torre de vigilancia. Este anexo fue hecho con ladrillos cocidos.

Al frente de este conjunto hay piletas donde se lavaba el material antes de pasar a la fundición. A pocos metros hacia el sur estaba la fundidora. Sólo queda en pie el torreón de adobe con acabados de ladrillo rojo.

Hacia el oriente se encuentran varias construcciones abandonadas y en desuso, aunque no en ruina. Hay bodegas, arcos, pilas, incluso corrales y trojes. Las bodegas servían para almacenar herramienta de trabajo relacionada con la minería, mientras que los corrales son más recientes, es decir, cuando dejó de beneficiarse metal el lugar quedó abandonado por algún tiempo y varios ejidatarios aprovecharon ciertas áreas para usarlas como corrales.

En la actualidad, partes de este casco han sido remodeladas y se rentan para eventos sociales, principalmente un área de jardines frondosa y muy bien cuidada.

Reseña histórica

1864: El 16 de noviembre, se constituye la Negociación Minera de Santa María de la Paz. En los años siguientes, la empresa era administrada desde la hacienda de La Boca (hoy en el municipio de Villa de la Paz).

186-: Los Patos se fundó como hacienda minera sobre terrenos que habían sido agrícolas. No se sabe a quién compró este predio la Negociación Minera de Santa María de la Paz.

1869: El 27 de enero, se bendice la construcción de la hacienda de Los Patos y se ofrece un baile por la noche. La construcción fue dirigida por Antonio Arbide y financiada por la Negociación Minera de Santa María de la Paz con un costo de $12,000.00. La obra incluyó modernos hornos de fundición por un sofisticado método para beneficiar los metales traídos de las minas de La Paz.

1872: El 18 de mayo, llegan a Matehuala 50 hombres de los Rifleros de Coahuila. Les dan hospedaje en la hacienda de Los Patos.

Siglo xx: Con la decadencia de la minería y de las haciendas, Los Patos estuvo abandonada por varios años después de la Revolución y la Reforma Agraria. Tuvo algunos dueños posteriores que poco hicieron por conservarla en buen estado. En la actualidad pertenece a la familia Cerrillo Torres, la cual se dio a la tarea de reconstruir algunas áreas para hacerlas funcionales.

Historias, anécdotas, testimonios e historia oral

1. Durante la época productiva de la hacienda llegaban las cargas de metal sin fundir desde las minas de Villa de la Paz. Luego, una vez extraído el metal, lo llevaban a la estación de tren de Matehuala para enviarlo a Tampico o a San Luis Potosí.
2. En esta hacienda pagaban los sábados en la tarde. Llegaba el pagador de La Boca y la gente salía muy contenta con su raya. En las afueras se instalaba un mercado sobre ruedas y allá la gente compraba lo que quisiera porque aquí en Los Patos no hubo tienda de raya ni casas de peones.
3. En el año de 1913 hubo una revuelta en Matehuala y, entre otros desmanes, se incendió la presidencia municipal. Los revoltosos fueron también a Los Patos y como no pudieron robarse nada, asesinaron a tres hombres que dejaron colgados en unos mezquites que estaban en la parte trasera de las oficinas.
4. En la época de la Revolución hubo un paro de labores en Los Patos, pues las minas en Villa de la Paz habían dejado de producir. En aquel tiempo la gente no tenía seguro ni garantías laborales, por lo que muchos trabajadores tuvieron que irse a buscar empleo a otras partes.
5. Una vez llegó una gavilla pensando que ésta era una hacienda rica donde había mucho dinero. El asalto no dio resultado, pues no les interesaba llevarse herramientas de trabajo. Ellos querían dinero o alimento, que aquí no había.
6. En cierta ocasión se dio un intento de huelga entre los trabajadores, pues no estaban conformes con las horas de trabajo ni con el suelo que percibían. A los líderes de la revuelta los corrieron y no se les volvió a dar empleo en ninguna de las haciendas relacionadas con la compañía minera.
7. Cuando esta hacienda estuvo abandonada por varios años, mucha gente se metía a buscar tesoros, pensando que fue una hacienda muy rica. Fue rica porque aquí llegaba el metal que se beneficiaba y luego era transportado a otras partes, pero nada se quedó aquí. Lo que está ahora remodelado es como la casa grande, pero eran las oficinas. Los hacendados nunca vivieron aquí, por lo tanto es improbable que hayan enterrado algún tesoro.

Leyenda

Un tesoro en un campo de labranza

Hay muchas pláticas de tesoros en las haciendas que hubo alrededor de Matehuala. Cuentan de una relación que se encontraron en una presa que también fue parte de una hacienda, una que le dicen Los Patos. En los restos de lo que fue esa hacienda hay una barda grandísima y los terrenos allí son una milpa; ahora son terrenos de labor. Entonces cuentan que un señor andaba con su yunta y de repente sintió como que su yunta se atoró y el señor pensó que era una raíz de un árbol. Habrá sacado el talache o no sé qué y se puso a escarbar para poder liberar la yunta y seguir trabajando y ahí fue donde se encontró un cajón lleno de monedas.

Luego de que el señor sacó eso nada más viera como se corrió la voz. Es que la gente se impresiona por cualquier cosa y por las pláticas. Imagínese, si yo voy caminando en el monte y veo algo blanco y se me desaparece, entonces me impresiono y si voy y le platicó a la gente ellos también se impresionan, pero cuando supieron que ese señor se encontró dinero sí fue cierto porque de repente se hizo rico y luego todos anduvieron buscando más, pero no se supo que hayan encontrado otro tesoro que debió ser de cuando la hacienda Los Patos.

Luis Felipe Palacios

MAJOMA

Ubicación:	Majoma, municipio de Mazapil, Zacatecas
Distancias:	166 km de la capital del estado.
	115 km al sur de la cabecera municipal.
Giro económico:	Ganadero y guayulero.

Descripción arquitectónica y condiciones hasta 2010

El casco es muy grande para una hacienda tan pequeña: las dimensiones originales de la hacienda de Majoma eran de aproximadamente 20 has. Un casco con aspecto antiguo para una hacienda relativamente nueva: Majoma se fundó como tal hacia 1851 y la construcción del casco fue paulatina, por etapas, siendo la guayulera, a partir de 1905, la de mayor expansión.

El casco parece fortaleza medieval doblemente amurallada; algo realmente inusual. El perimetral externo es de piedra y el perimetral de la casa grande, con muros más altos y con sólidos baluartes en las cuatro esquinas, es de adobe y aplanados.

Casi todo está integrado adentro del mismo conjunto: la casa grande con sus áreas de habitaciones, áreas de servicio y jardines. El área del escritorio u oficina, la casa del administrador, por lo general de la misma familia, y la tienda de raya con su almacén. El área de cuartos para la servidumbre doméstica. Un huerto familiar. En la parte trasera, hacia el norte, los corrales y las caballerizas. En la parte noreste las trojes.

Extramuros había casas de trabajadores: en el siglo XIX, vaqueros, arrieros, jornaleros y empleados de ganadería, y en el siglo XX los guayuleros. También extramuros estaban los almacenes del guayule y el área de carretas que transportaban el material a la fábrica en San Tiburcio donde se procesaban para extraer el caucho.

Cabe destacar que en esta hacienda no hubo templo; se desconoce si hubo una capilla familiar. El hecho de que no existiera una iglesia ha dado origen a una serie de suposiciones y leyendas en torno al hacendado original, como veremos al inicio de la sección de historias y anécdotas. Vale señalar, empero, que en el presente existe una amplia habitación que hace las veces de capilla.

A pesar de las tribulaciones que vivió esta hacienda lo largo de su historia, el casco nunca ha estado abandonado por completo y se encuentra en buenas condiciones. En la actualidad sigue en su giro ganadero y se usa ocasionalmente como sitio de fin de semana por cuenta de los propietarios, quienes viven en Aguascalientes.

Reseña histórica

Siglo XVIII: El territorio donde se ubica Majoma fue parte de la hacienda de Gruñidora, la cual era administrada por la orden de los jesuitas del Colegio Máximo de San Pedro y San Pablo de la Ciudad de México.

1767: Los jesuitas son expulsados de los territorios del Imperio Español, incluidos los de la Nueva España. Ante esta circunstancia, Juan Antonio de Yermo, originario de Vizcaya, España adquiere Gruñidora.

Siglo XIX: La minería en Mazapil pasa por una gran crisis, lo cual provoca que los centros mineros sean abandonados. Eso afectó a las haciendas de campo que bajaron su producción. Por esa causa, la extensa hacienda de Gruñidora se fragmentó en predios más pequeños que fueron vendidos u heredados y dieron origen a nuevas haciendas: Concepción de la Norma, El Picacho, El Tulillo, La Cardona, Majoma y San Francisco del Oro.

1851: Manuel G. Serrano compra estos territorios a Juan Antonio de Yermo. Es la primera vez que se mencionó a Majoma en documentos y sus tierras se consideraban poco aptas para el desarrollo agropecuario. Nadie imaginó en ese tiempo que en las primeras dos décadas del siglo XX Majoma sería una de las haciendas ganaderas y guayuleras más importantes en el estado de Zacatecas.

1864: El 20 de agosto, se suscita la Batalla de Majoma entre elementos del ejército mexicano, comandado por el general Jesús González Ortega, y elementos del ejército francés, con el coronel Martin al frente. La tropa del 2do Imperio Mexicano resultó victoriosa.

1868: Severiano López, abuelo del general Francisco Murguía, se establece en Majoma como posesionario tras haber interpuesto una demanda contra Manuel Serrano por una transacción comercial incumplida. Estuvo así hasta 1876 cuando perdió un juicio de tenencia de tierras dado que no pudo pagar las escrituras.

1880: José María Murguía, padre del general Francisco Murguía, se enuncia como posesionario de Majoma, pero es desalojado.

1882: Manuela Serrano de Puga y Rafael M. Serrano heredan las haciendas de Majoma y El Tulillo tras la muerte de su padre.

1887: Valente de Villalpando, alcalde provisional de Aguascalientes, compra Majoma y El Tulillo a Manuela Serrano de Puga. Pone las escrituras a nombre de su hija Paz de Villalpando de Cornú.

1889: José María Díaz Muñoz compra Majoma y El Tulillo a Paz de Villalpando de Cornú. Él fue un ranchero presbiteriano que vio el potencial de las áridas tierras aptas para la cría de ganado menor. Tuvo buenos resultados y vendía el ganado en pie en los distritos mineros de Mazapil y Concepción del Oro.

1892: Llega la Compañía Deslindadora al municipio de Mazapil con el propósito de verificar los linderos de las haciendas e inventariar los predios baldíos, sin dueño. José María Díaz, al igual que otros hacendados vecinos, optó por regularizar la situación de sus terrenos.

1899: Muere José María Díaz, sin dejar testamento. Su hijo Mauricio Díaz inicia un juicio testamentario.

1900: Mauricio Díaz Mora (1842-1928) gana el juicio testamentario y recupera las propiedades. En ese tiempo fusiona las haciendas de Majoma, El Tulillo y Jazminal, pasando en extensión de 20 a 145 has, implementando nueva tecnología y dándole un gran impulso ganadero. Él nació en la hacienda de San Juan de El Salado, municipio de Vanegas, SLP.

1905: Comienza la etapa guayulera en Majoma y en las haciendas de la región.

1915: El connotado general carrancista Francisco Murguía López de Lara (1873-1922) despoja a Mauricio Díaz de la hacienda de Majoma con el argumento de que su abuelo y su padre habían sido dueños, pero sin mostrar títulos de propiedad. Empezaron los litigios, mientras la hacienda continuó con la molienda del guayule y venta del caucho ahora bajo la administración de Murguía.

»» El general Murguía, nacido en Guadalupito, estancia de la hacienda de Sierra Hermosa donde fue bautizado, se apropió de otras haciendas también guayuleras. Lo mismo hicieron otros militares y revolucionarios, en abuso de poder, en toda la región guayulera que estaba en apogeo. Los legítimos hacendados huyeron para resguardar sus vidas.

1918: El 19 de noviembre, Mauricio Díaz elabora su testamento en Saltillo, Coahuila.

1922: Muere Francisco Murguía fusilado en Tepehuanes, Durango. La familia Díaz Ramos recupera las haciendas. Él había caído en desgracia por no estar de acuerdo con las políticas del gobierno de Álvaro Obregón.

1928: 15 de agosto, fallece Mauricio Díaz. Sus hijos iniciaron el juicio testamentario. Se reconoció como herederos a su viuda Regina Ramos y a sus hijos legítimos Moisés, Benjamín, Josué, Isaías, Job, María Isabel, José María, Elisa, María Lidia y David Díaz Ramos.

1931: El 15 de febrero, se abre el primer expediente de reparto agrario, pero en esta ocasión la solicitud no procedió.

1935-1938: La sucesión de Francisco Murguía, valiéndose de un testamento dictado por su padre como último deseo antes de ser fusilado, entabla un juicio por tenencias de tierras contra David Díaz Ramos quien no era dueño de las haciendas, sino el administrador. Al final, la familia Díaz Ramos recupera sus propiedades, puesto que la sucesión de Murguía nunca pudo probar títulos de propiedad.

1937: Se expide una segunda solicitud de reparto agrario. En los datos del Registro Público de la Propiedad de Concepción del Oro, Zacatecas, se establece que María Isabel Díaz Ramos es la legítima propietaria de la fracción correspondiente a la hacienda de Majoma, con una extensión de 4,391 has.

1938: El 9 de febrero, se crea el ejido de Majoma con 2,426 has expropiadas a la hacienda de Majoma, a la hacienda de El Picacho, propiedad de María Lidia Díaz Ramos de Castellanos, y a la hacienda de Sierra Hermosa, propiedad de la sucesión de Francisco Federico Moncada y Guadalupe Pastor viuda de Moncada.

1948: El 7 de julio, David Díaz Ramos, administrador de las haciendas Majoma y El Tulillo, dando

así fin a la época del guayule, también conocido en ese tiempo como "la plata verde" por tanta riqueza que generó en la región.

» » Majoma volvió a su actividad original, la cría y venta de ganado menor y mayor, la cual continuó incluso después de que los Díaz Ramos vendieran lo que quedaba de la hacienda.

2001: En agosto, el Lic. Mauro Garza González donó Universidad Autónoma de Zacatecas (UAZ) todo el acervo documental de Majoma. Éste es un acervo documental e histórico muy bien cuidado, caso excepcional en las haciendas del Altiplano y mexicanas.

HISTORIAS, ANÉCDOTAS, TESTIMONIOS E HISTORIA ORAL

1. El nombre de Majoma ha dado pie a algunas leyendas locales, pues algunas personas dicen que el dueño era musulmán. Las versiones más comunes cuentan que el fundador tenía tres hijos y tomó las primeras dos letras de cada nombre para así nombrar la hacienda. Si este criterio lo aplicamos a los Serrano tenemos al fundador de nombre Manuel y una hija Manuela, pero nos falta un nombre que pudiera ser José o Jorge, por ejemplo. Si el criterio lo aplicamos a los Díaz, tenemos a María Isabel, José María (el padre) y Mauricio.
2. Cuentan que Majoma era del mismo dueño de la hacienda de Sierra Vieja. No hay datos que lo comprueben o lo desmientan. Se sabe que Sierra Vieja fue una hacienda muy extensa, antecedente directo de Sierra Hermosa, y perteneció a Fernando de la Campa y Cos, conde de San Mateo de Valparaíso.
3. Debido a que no hubo un templo o capilla cristiana en el casco de la hacienda, otro tipo de leyendas locales han surgido. Por ejemplo, algunas personas afirman que el dueño era judío, mientras que otras afirman que era musulmán y esto lo sustentan con el nombre de la hacienda parecido a Mahoma. Lo cierto es que Manuel Serrano era presbiteriano.
4. Juan Manuel de la Rosa cuenta: "Ahora que preguntas de Majoma, sé que el hacendado no era cristiano, pero su mujer sí. No estoy seguro si ella llevó a los hijos a registrar a Matehuala o a Saltillo, pero dicen que aprovechaba para también bautizarlos".
5. Se dice que en los cuatro fortines o baluartes había vigilancia permanente y desde allí disparaban a las gavillas que pretendían robar. En la época de la Revolución llegaban los grupos armados y en varias ocasiones asaltaron la tienda de raya y se llevaron todo lo que pudieron de los almacenes.

6. Don Mauro Lara cuenta: "Antes y después del guayule, las haciendas de acá eran ganaderas. Uno de los giros de Sierra Hermosa era la trasquila y aquí acaparaban la lana que vendían en México. Y luego había haciendas chiquitas como Majoma que vendían su lana a Sierra Hermosa porque a ellos les salía muy caro mandar su producción a México".
7. Algunas personas dicen que la hacienda perteneció a Francisco I. Madero. Lo cierto es que Mauricio Díaz tenía relaciones comerciales con Salvador Madero en torno a la venta del guayule que los Madero procesaban en la hacienda de San Tiburcio, al norte de Majoma.
8. Juan Manuel de la Rosa recuerda: "De Majoma... contaban los mayores de un tipo que era de Sierra Hermosa, el general Murguía –a lo mejor mi abuelo lo conoció, no sé. Era un hombre de carácter fuerte, general al fin, y con recelos sociales. Cuando era revolucionario de Carranza y militar, hizo uso de su poder político para ajustar cuentas con los hacendados. No pudo en Sierra Hermosa contra los Moncada, pero sí la agarró en contra de los de Majoma, que era una hacienda chiquita en comparación. Les quitó la hacienda y, aunque pertenece al municipio de Mazapil, el general trató de registrarla a su nombre en Concha del Oro, pero no pudo. Ya como historia documentada, a ese revolucionario lo fusilaron porque era carrancista y lo fusilaron creo que los de Obregón".

Leyenda

Murió de amor

Hubo aquí en Sierra Hermosa un administrador que se llamó Francisco José García. Una vez que fue a San Tiburcio para negocios de los Moncada, cuando ya venía de regreso se detuvo en Majoma a descansar; allá tenía amigos o familiares. En eso pasó una partida de revolucionarios y se vinieron juntos a Sierra Hermosa. Aquí les dio hospedaje en la casa porque no estaban los patrones. En la mañana llegó un arriero para decir al general que las mulas con la carga venían apenas por Majoma y la carga era de cuatro botes llenos de dinero que los revolucionarios llevaban. Como traían prisa y confiaron en el señor García, le dijeron que cuidara ese dinero hasta que regresaran.

Pasó el tiempo y el señor García emparedó el dinero donde estuvo luego la escuela y esperó a que vinieran aquellos hombres por su encargo, pero no regresaron. Dos o tres años después –ya se había acabado la Revolución– vino un hombre que había sobrevivido y vino porque quería ese dinero. El señor García lo llevó a la escuela y tumbaron esa pared; allí estaban los cuatro botes completos de dinero, pero en eso uno de ellos se volvió carbón. El hombre se enojó porque pensó que el señor García se había robado ese dinero y por eso se lo llevaron preso a la sierra de Arteaga, allá en Coahuila. Lo tuvieron allá preso hasta que se pudo escapar y se vino caminando como pudo hasta llegar a Majoma. Como lo conocían muy bien, lo bañaron, lo alimentaron, hasta le cortaron la barba que la traía toda larga y desaseada y ya cuando estuvo repuesto lo trajeron acá a Sierra Hermosa. Lo primero que hizo fue preguntar por su mujer, pero su mujer ya no estaba acá, se había ido a Aguascalientes. A los pocos días el señor García se fue a buscarla a Aguascalientes. La encontró, pero ya estaba con otro hombre. Fue tanta la impresión del señor García que se murió ahí mismo. Los revolucionarios no pudieron matarlo; lo mató el amor.

Mauro Lara

PRESA DE GUADALUPE

Nombre original:	Pozas de Guadalupe
Ubicación:	Ejido Guadalupe, municipio de Guadalcázar, SLP.
Distancias:	125 km al noreste de la capital del estado.
	78 km al noreste de la cabecera municipal.
Giro económico:	Agrícola, ganadero e ixtlero.

Descripción arquitectónica y condiciones hasta 2010

El casco de esta hacienda tiene el aspecto de haber estado amurallado. Presenta dos conjuntos principales: la casa grande y una troje enorme, a la cual se le añadió una capilla que ahora es la iglesia del pueblo.

La envergadura de la casa grande, rectangular, con muros de más de seis metros de altura, contrafuertes, guardacantones y rodapiés de piedra, integraba la casa principal, jardines, habitaciones para trabajadores domésticos, escritorio u oficina, tienda de raya, almacenes, corrales, caballerizas y huertos. Fue construido con ladrillos cocidos recubiertos con argamasa. Hay arcos de medio punto, ojivales y carpanel en puertas y ventanales, enmarcados con ladrillos de sillar o cuartón. Las puertas que dividían las habitaciones eran todas rectangulares, con marcos y dinteles de cantera sin detalles ornamentales. Las habitaciones de servicio eran más austeras y pequeñas, pero igual de igual altura. En la actualidad todo este conjunto se encuentra en ruinas y en desuso. No quedan techos y muchas paredes se han colapsado.

El conjunto de la troje es muy alto, largo y rectangular, así como muy sólido por haber sido construida con piedra. Ha sufrido pocas alteraciones, como un portón metálico, y sigue utilizándose como almacén. En la época de la hacienda se construyó el templo dedicado a la Virgen de Guadalupe en la esquina sureste de la troje. Presenta un frontón neoclásico, ahora pintado en café sobre amarillo, con una espadaña-campanario sencilla. Esa capilla es de uso comunitario.

Extramuros había otras construcciones, como almacenes, cuartos de trabajadores, corrales y pilas para lavar la fibra de lechuguilla. Hoy en día poco de eso se aprecia porque fueron adaptadas para uso habitacional, es decir, la población creció alrededor del casco y se aprovecharon las construcciones antiguas.

Reseña histórica

No parece haber datos ni menciones históricas de estos territorios que pertenecieron al enorme latifundio virreinal de San Agustín de los Amoles.

Siglo xvii: Juan Pérez-Caballero Medina-Corona hereda a su hijo, el presbítero Juan Caballero Ocio (1643-1707), la hacienda de San Agustín de los Amoles y los agostaderos en la Huasteca que bien pudieron haberse convertido en la extensa hacienda de San Ignacio del Buey (hoy en día territorios tamaulipecos).

Siglo xviii: El coronel José de la Puente y Peña Castrejón y Salzines (1663-1739), marqués de Villa Puente y su prima Gertrudis de la Peña, marquesa de las Torres de Rada destinan a la Compañía de Jesús sus tierras de San Agustín de Amoles. Gracias a donaciones como ésta, los jesuitas crearon el Fondo Piadoso de las Californias, el cual incluía la hacienda de San

Agustín de los Amoles donde se criaba ganado menor para matanza y se explotaba la lana en la industria textil. Cuando los jesuitas fueron expulsados de la Nueva España, en 1767, el Fondo Piadoso de las Californias siguió operando bajo otra administración y otro esquema.

1833: En julio, por problemas financieros, el Fondo Piadoso de las Californias subasta varias haciendas, estancias y ranchos.

183-: Carlos Tovar entra en la subasta y compra el rancho o estancia llamado Presa de Guadalupe. Años más tarde, fue gobernador interino del estado de San Luis Potosí, en 1868, en sustitución de Juan Bustamante. También fue un terrateniente que tuvo otras haciendas, estancias y ranchos en territorios del Altiplano potosino y tamaulipeco e hizo de Presa de Guadalupe su epicentro. Es posible que en ese tiempo se hayan construido la casa grande y el conjunto de las trojes que, ahora en ruinas, aún persisten.

1874: Juan Manuel Rascón Altamirano (1826-1892) adquiere presa de Guadalupe y anexas de Carlos Tovar. Rascón en ese tiempo recibió como herencia, en vida de su padre, San Agustín de los Amoles, San Ignacio del Buey y otras haciendas. Las anexas que incrementaron su latifundio fueron La Ventana (también en el municipio de Guadalcázar), Cerro Gordo y La Viga (ambas en el municipio de Tula, Tamps.). Asimismo, por esos años Manuel Rascón incursionó en la minería de Guadalcázar, mientras acaparaba gran parte de la producción de ixtle que se enviaba a Saltillo.

1892: Fallece José Manuel Rascón, dejando como heredero a su hermano José Martín quien vende Presa de Guadalupe y otras haciendas y ranchos a Federico J. Meade (1847-1909), un connotado arquitecto potosino dueño de haciendas en Tamaulipas.

191-: Durante la Revolución, hubo escaramuzas y robos constantes tanto en el casco como en territorios esta hacienda, a pesar de que estaba bien vigilada y protegida con hombres armados.

1930: Joaquín Philip Meade Trápaga (1896-1971) es el propietario de Presa de Guadalupe, por herencia. Para entonces, la hacienda tenía muchos problemas agrarios debido a las revueltas post-revolucionarias encabezadas por Saturnino Cedillo y, tiempo después, por los problemas desprendidos de la Reforma Agraria, perdió mucho de su territorio.

193-: Durante su mandato como presidente de la República, Lázaro Cárdenas estuvo de visita en Presa de Guadalupe antes de continuar su trayecto a Ciudad del Maíz.

1938: El 29 de noviembre, a la hacienda le son expropiadas 6,500 has para reparto ejidal entre vecinos del poblado Presa de Guadalupe.

1974: Un grupo de campesinos del poblado Los Ángeles II solicita la ampliación del ejido. La petición es aceptada y se decreta en 1980, afectando 729.049 has de Presa de Guadalupe. Los trámites de la expropiación los llevó Harlod Mead E. como albacea de la sucesión de Joaquín Meade Trápaga.

Historias, anécdotas, testimonios e historia oral

1. Sin precisar quién, se dice que el hacendado tenía otras haciendas y ranchos entre su latifundio, como La Ventana, Las Negritas, La Hincada y Cerro Gordo, pero radicaba en Presa de Guadalupe. Cuando había problemas de guerras o que anduvieran las gavillas, se iba por túneles que comunicaban a todas sus propiedades.
2. Cuando empezó el auge del ixtle, la gente no sabía tallar, pero tuvieron que aprender muy rápido, pues el capataz golpeaba a quienes no entregaban una cuota mínima diaria. En aquella época todavía vivían algunos huachichiles y ellos sí sabían extraer la fibra de la lechuguilla. Sin acercarse a la hacienda, salvo para robar ganado, aquellos huachichiles enseñaron a la gente a tallar con rapidez y efectividad.
3. Don Lucio Huerta Rivera cuenta lo siguiente: "Me platicaba mi mamá que Saturnino Cedillo venía desde su hacienda en Palomas (municipio de Ciudad del Maíz) a robar y siempre venía con mucha gente que andaban todos a caballo. Una vez que los andaban siguiendo "los pelones" (federales), la gente de Cedillo pasó por aquí y cómo encontraron que las trojes estaban cerradas, tumbaron las puertas con un cañón y le prendieron fuego a todo el grano y a todo el ixtle".
4. En cierta ocasión, los cedillistas se llevaron a una hija del administrador y a otra mujer mayor. A ésta la encontraron muerta al día siguiente, pero de la jovencita nunca se volvió a saber.
5. En otra ocasión, un hombre llegó de Las Negritas a decir que los cedillistas habían quemado la troje. Venía herido de bala. Aquí se pertrecharon los hombres y no dejaron que llegaran los bandidos.
6. Se dice que Joaquín Mead tenía casa en El Mante y en Tampico, pero su residencia estaba en San Luis Potosí. Venía poco a esta hacienda y raras veces se quedaba a dormir.
7. Se menciona a Francisco Carrera Torres como propietario de Presa de Guadalupe. Se sabe que los Carrera Torres tuvieron otras haciendas en la región, como El Tepeyac (municipio de Ciudad del Maíz) y La Tapona (municipio de Guadalcázar), sin embargo, también se sabe que despojaban a los propietarios de sus tierras para apoderarse de ellas, sin contar jamás con títulos de propiedad.
8. La última vez que vino Joaquín Mead, donó la iglesia al ejido porque había quedado adentro su propiedad.
9. Cuando perdió casi todos sus territorios con la repartición ejidal, Mead pudo conservar la casa grande, huertas y otras tierras, pero dejó de venir y sus hijos nunca volvieron tampoco, aunque parece que vendieron Presa de Guadalupe a unas personas de Tampico.
10. Cuando la hacienda estuvo abandonada por mucho tiempo, la gente empezó a llevarse los ladrillos y los tabiques de cuartón para construir nuevas habitaciones en sus casas.
11. Se cree que los dueños actuales viven en Tampico, pero nunca vienen a la hacienda.

Leyenda

El cargamento desaparecido

Nosotros sabemos que en el pueblito de Presa de Guadalupe, como allá fue hacienda, cuentan muchas leyendas de tesoros muy importantes, o sea que son leyendas que tienen que ver con las minas de El Realejo porque el hacendado de allá parece que era minero también. Yo he pasado por ahí cuando hemos ido a El Mante, pero la verdad no conozco así como bien el lugar. Me acuerdo que íbamos para allá hace muchos años y cuando pasamos por ese pueblito de Presa de Guadalupe una tía nos contó una leyenda de tesoros que se sabía ella. Nos contó que en la época buena de la hacienda el hacendado pidió que le llevaran para allá un cargamento de plata porque parece que se iba a casar su hija y que quería regalar una barra de plata a cada uno de los invitados. Así de rico era el *pelao* aquel. Parece que las barras llevaban el nombre de los novios y la fecha de la boda. Había arrieros que llevaban las cargas y eran gente de mucha confianza. Entonces esa vez salió una carreta con las barras rumbo a Presa de Guadalupe, a la hacienda.

La verdad no sé por dónde se fueron los arrieros y los vigilantes que llevaban el cargamento. En aquellos años no había carreteras, o sea que eran así como puros caminos reales o de herradura, que también así les llamaban a esos caminos. Entonces les cayó la noche por ahí y durmieron aquellos hombres en algún lugar seguro. Luego dijeron que no pasó nada raro, ni se acercó gente ni ladrones ni nada. El chiste estuvo en que cuando se levantaron en la madrugada, no había ninguna barra de plata en la carreta. ¡Ninguna! Buscaron por todos lados y nada. Nomás faltaban las barras de plata porque lo demás que iba en la carreta sí estaba. Los vigilantes pensaron que uno de los arrieros las había escondido para luego regresar por ellas, pero no, parece que ni huellas había que fueran lejos de la carreta y de donde habían acampado esos hombres; tampoco había huellas de que hubieran escarbado un pozo para meter las barras de plata. Un escarbadero todos los demás lo hubieran oído, ¿no?

Uno de los vigilantes se fue a la hacienda a todo galope para avisarle al hacendado. Luego llegó él con más gente y buscaron y buscaron, pero nunca hallaron ese cargamento que se desapareció así como por arte de magia. Entonces lo lógico sería pensar que alguien se robó esas barras, pero no había huellas ni señales de ladrones o de que los mismos arrieros o los vigilantes se las hubieran llevado a esconder. Quién sabe, a lo mejor se pusieron todos de acuerdo y se robaron ese tesoro para luego repartírselo, pero lo curioso es que no era mucho. O sea, otras veces esa misma gente ya había llevado cargamentos más ricos, entonces para qué se iban a quemar con uno que no era tan rico, ¿verdad? Y así quedó la cosa. Eso nos contó mi tía y dijo que nunca se supo de ese tesoro y que supuestamente lo han buscado gente de ahora, pero... ¿dónde?

Lorenzo Vázquez

Presa de Guadalupe, municipio de Guadalcázar, SLP

Presa de Guadalupe, municipio de Saltillo, Coahuila

PRESA DE GUADALUPE

Ubicación:	Presa de Guadalupe, municipio de Saltillo, Coahuila.
Distancias:	85 km al suroeste de la cabecera municipal y capital del estado.
Giro económico:	Agrícola, ganadero, guayulero e ixtlero.

Nota: En su mejor época, esta hacienda abarcó territorios que ahora pertenecen en el sur de Coahuila y el norte de Zacatecas.

Descripción arquitectónica y condiciones hasta 2010

El casco de esta hacienda tiene la estructura de aldea con sus áreas bien definidas, aunque ahora casi todo se encuentre abandonado, excepto la casa grande y la capilla. Al centro imaginario de una larga plazoleta existe una pila que pudo haber sido una fuente en los años de esplendor de la hacienda. De allí parte un canal que tal vez fue construido en una época más tardía. Al lado norte estaban las casas de los trabajadores, en un conjunto horizontal hecho de adobe. Hacia el oriente se ubicaban los corrales y las caballerizas (muchos desaparecidos), igual de adobe. Los que subsisten continúan utilizándose como establos de ganado menor.

Al suroeste está la casa grande, un conjunto que ha sufrido alteraciones arquitectónicas con el paso del tiempo. Por ejemplo: la fachada es ahora de ladrillo cocido, lo cual infiere una remodelación hacia finales del siglo XIX (dato que corrobora la historia oral). El frente es de piedra bola con una banqueta de piedra laja. Tiene un barandal de madera muy rústico, aunque en áreas contiguas se vean barandales elaborados de hierro forjado. En la esquina sur hay una construcción independiente, cúbica, con balcones. Es posible que antiguamente allí hubiera existido un torreón de vigilancia y luego haya sido readaptado como habitación, o bien, que allí hubiera estado el templo original.

A un lado de la casa estaban la oficina o escritorio y la tienda de raya. Esa área también se encuentra abandonada y aún conserva mobiliario antiguo. Hasta hace pocos años albergó un tendajo y una escuela. Atrás se hallaba el almacén que ahora se ve en ruinas. Por allí existen evidencias de excavaciones, sin duda hechas por los buscatesoros.

Dividido por una bocacalle empedrada, hacia el oriente hay otro conjunto con casas que eran de los empleados de mayor confianza Enseguida de allí están las trojes que son de adobe y la mayoría aún conserva los aplanados; algunas de ellas, sin embargo, presentan arcos acabados con ladrillo cocido. Otra calle, más amplia y que servía de entrada a las carretas, divide un segundo grupo de casas de trabajadores hasta llegar a la esquina noroeste que une a las demás, las ya mencionadas del lado norte.

Un poco hacia el sur, rompiendo la armonía rectangular del casco, se encuentra la capilla dedicada a la Virgen de Guadalupe. Por su estilo y materiales se ve que fue construida tiempo más tarde (se dice que la capilla original fue arrasada por un "culebrón" hacia 1919). Tiene un techo de dos aguas, de lámina. Sólo se abre en fechas determinadas, como las fiestas religiosas y, por supuesto, para la fiesta patronal el 12 de diciembre, o bien, cuando va el sacerdote cada mes a decir misas.

Al sur se encuentra la presa con sus bordos de piedra muy sólidos. Éstos fueron reconstruidos en los años veinte del siglo pasado, luego de una catástrofe que reventó la cortina original. Extramuros, a unos quinientos metros hacia el noroeste, se encuentra el cementerio ahora comunitario, pero construido por los hacendados. Todo el panteón está rodeado por una muralla de adobe con acabados de arcos de medio punto invertidos y barbacanas. Dicha muralla presenta señales de deterioro. La puerta de acceso tiene un arco escarzano rematado con una cruz de hierro forjado con motivos similares a los de los barandales en la casa grande. En el interior del cementerio existe un área exclusiva para las familias de los hacendados; estuvo techada. Se accede por una puerta que tuvo arco de medio punto. No se ven evidencias notables de saqueo en las criptas o profanación de tumbas, pues se conservan en buen estado, excepto dos de ellas.

Nota: Es irónico que un lugar que fue tan notable en su estructura arquitectónica y acaso social hoy en día esté prácticamente abandonado, es decir, la comunidad que creció alrededor del casco de la hacienda ya ni siquiera cuenta con una escuela que antes sí tuvo por cuenta de los hacendados y, de acuerdo con el último censo, tiene alrededor de 200 habitantes. A los niños los envían a Melchor Ocampo, Zac. para que estudien. Entre ambos lugares hay 50 km de distancia.

Reseña histórica

Siglo xvi: Existen pocos datos sobre esta hacienda, pero se sabe que, hacia finales del siglo, sus territorios pertenecieron al capitán Francisco de Urdiñola y hasta 1825 a su descendencia con el marquesado de San Miguel de Aguayo y Santa Olalla. Se desconoce cuándo se estableció como hacienda, pero dada su cercanía con Bonanza, Zac. –hacienda minera también del citado capitán de Urdiñola–, tal vez Presa de Guadalupe era un rancho agrícola y ganadero en aquel entonces.

1825: Son desvinculados los bienes del marquesado de San Miguel de Aguayo. Las empresas británicas Baring hermanos y Staples y compañía, ambas con sede en Londres, ganan la subasta de tierras y bienes del marquesado recién disuelto.

1844: Carlos Sánchez Navarro adquiere tierras y haciendas a los ingleses Baring hermanos y Staples y compañía. En el paquete va la hacienda de Bonanza y anexas. Creemos que Presa de Guadalupe y Jazminal eran parte de Bonanza.

1868: Por problemas políticos es disuelto el latifundio de los Sánchez Navarro. Las haciendas se pusieron a subasta como predios independientes y no en paquete. No se sabe con certeza quién compró Presa de Guadalupe, pero al parecer fue alguien de apellido Sánchez.

1905: Comienza la demanda del guayule y el auge de las haciendas en la región. Los Madero instalan una fábrica en la hacienda de San Tiburcio y hacen nexos con la hacienda de Majoma, ambas en la parte meridional del municipio de Mazapil, Zac. Presa de Guadalupe se une al auge guayulero.

1908: Un documento en el Archivo Municipal de Saltillo señala como propietario a Manuel Rodríguez Orozco, quien también era dueño de la hacienda en Bonanza, Zac. No se sabe si la heredó o la compró, ni tampoco si la de Jazminal haya sido suya también.

191-: La hacienda es expropiada por el gobierno de Carranza y luego la venden a un inglés de apellido Morrison.

1933: El 31 de marzo, fallece Alice Morrison y es sepultada en el cementerio de la hacienda. Al parecer ella era la dueña de Presa de Guadalupe por herencia de su padre.

193-: Francisco Román Rosell aparece como propietario al estar casado con María Refugio Morrison. Nada se sabe de él, salvo que era originario de Puebla.

Notas: Cabe señalar que la historia oral es un tanto confusa en este punto, pues dicen algunos vecinos que la esposa de Francisco Román se llamaba María del Refugio Morrison –mujer blanca, robusta y muy alta, que hablaba español con dificultad–, quizá de origen americano o inglés. En una lápida en el panteón se lee Ma, Refugio Morrison de Román fallecida el 27 de septiembre de 1952. *In Memoriam* Su esposo e hijas.

Sin embargo, también se cuenta que Francisco Román se casó con una sobrina de Rodríguez Orozco y, según esta versión, ella heredó la hacienda, pero se registró a nombre de su marido.

» » 2. En las lápidas del área exclusiva del cementerio se leen los siguientes nombres: Alice Morrison (*she rest in peace*) (1933), Ma. Refugio Morrison de Román (1952), Francisco Román Rosell (1981) y María Elena Román M. (2007). Todos ellos ligados con la familia propietaria. Hay dos tumbas más en ese sector que no se sabe el nexo: Antonio Salas (1944) y Timoteo Rocha (1940).

2007: El 20 de enero, fallece María Elena Román M. y es sepultada en el panteón de la hacienda.
Nota: Éste es un caso singular que sugiere que todavía en 2007 la familia Román Morrison habitaba o visitaba la casa grande de la hacienda. De ser correcto, resulta muy extraño que tres años después el casco esté completamente abandonado y en deterioro.

Historias, anécdotas, testimonios e historia oral

1. Cuentan que, a finales del siglo XIX, un grupo indígena (pudo haber sido apaches, lipanes o comanches) quemó el casco de la hacienda. Con la reconstrucción le pusieron acabados de ladrillo cocido.
2. Gracias a la historia oral se sabe que el propietario de esta hacienda era el mismo dueño de Jazminal, situada algunos kilómetros al noroeste.
   Nota: Mauricio Díaz era dueño de Jazminal hasta que murió el 15 de agosto de 1928.
3. En la época de la Revolución, los hacendados llegaron a un acuerdo con los villistas porque, aunque eran revolucionarios y muy revoltosos, eran menos "bandidos" que los carrancistas. El hacendado de aquel tiempo pagaba a un grupo de villistas para que cuidaran tanto el casco como los terrenos donde tenían el ganado o donde los trabajadores tallaban la fibra de lechuguilla o cortaban el guayule. En otras palabras, ese grupo también cuidaba a los trabajadores para que no sufrieran asaltos por cuenta de los carrancistas.
4. En un sitio conocido como El Ranchito pastoreaba el ganado semoviente, siendo el lugar donde hacían el herradero. Se dice que hasta allá llegaron una vez los carrancistas y se llevaron todas las reses.
5. En 1918 o 1919 se reventó la presa y arrasó con los establos que se ubicaban en las partes bajas del casco de la hacienda, hacia el oriente. Cuentan que en esa ocasión cayó una "culebra" en un lugar que se llama el Alto de los Novillos, entre Bonanza y Terminal (ambos pueblos zacatecanos) y desde allá corrió el agua con tal fuerza que no sólo rebasó la presa, sino que rompió la cortina. El casco no se vio afectado porque estaba más en alto, pero la mayoría de los corrales, las casas de los trabajadores y algunas trojes fueron destruidos por la corriente.
6. Cuando se creó el ejido, hubo repartición de tierras y lo único que se respetó fue el casco, el cual

quedó en propiedad de la familia Román Morrison. Conforme al acuerdo de la repartición, la gente que aún vivía en las casas del casco de la hacienda fue desalojada por el administrador.

7. Dice Gerardo Jerryz que, según le contó un descendiente de los Román Morrison la vez que fue de a conocer Presa de Guadalupe, que María Refugio Morrison se casó con el jardinero de la hacienda y procrearon dos hijas (¿María Elena y Ma. Leonor?), de las cuales una sobrevive con su descendencia.
8. La hacienda quedó intestada porque fue intervenida por el gobierno desde que los hacendados dejaron de pagar impuestos. Dicen que no hubo alguien que posteriormente la reclamara como suya por herencia. Aunque se sabe que el casco de la hacienda está intestado, también se dice que sus dueños actuales se apellidan Olmos.

Leyendas

Un charro aparecido

Pues mire que cuentan que adentro de la hacienda se aparece un *pelao* vestido de charro. Esa es plática de muchos años y yo me acuerdo que la contaban las gentes de antes que les tocó trabajar ahí. Decían que nomás pardeando se oían las pisadas como de botas con espuelas por un pasillo y seguían hasta un cuarto donde en la puerta se aparecía ese hombre vestido de charro muy elegante, con un sombrero negro y pistola colgándole del cinto.

Luego estuvo la hacienda abandonada mucho tiempo y parece que se metieron gentes que venían a buscar tesoros. No sabemos si hayan encontrado algo, pero ya tiene tiempo que ahí vive un señor que cuida y él no nos ha contado que se aparezca ese charro. A lo mejor resulta que a él no le ha tocado verlo porque nosotros bien sabemos que las apariciones se le aparecen a unas gentes y a otras no.

Manuel Suárez

Una carreta fantasmal

Yo me acuerdo que antes contaban de una carreta allá en lo que fue la hacienda de Presa de Guadalupe –está del lado de Coahuila–, o sea de una carreta fantasma y ha de ser cierto porque dicen que salía de la capillita de la Virgen de Guadalupe, que daba vuelta en la pila, salía del casco de la hacienda por la calle grande y se iba a su paso hasta el panteón. Ha de ser porque llevaba difuntito y por eso se aparece, como si fuera el ánima del difuntito no de la carreta porque las carretas no tienen ánima. La cosa estaba en que hubo gentes que en aquel tiempo eran muy valientes y se iban siguiendo a la carreta y siempre todos dijeron, cada uno por su lado, que la carreta nada más llegando al panteón y cruzando el zaguán se desaparecía. O sea que nunca la vieron venir de allá para acá, sino más bien de aquí para allá.

Enrique Dávalos

SAN CAYETANO DE VACAS

Nombre original:	Vacas
Ubicación:	San Cayetano, municipio de Doctor Arroyo, NL.
Distancias:	346 km al suroeste de Monterrey.
	97 km al noroeste de la cabecera municipal.
Giro económico:	Minero, agrícola, ganadero y lechero.

DESCRIPCIÓN ARQUITECTÓNICA Y CONDICIONES HASTA 2010

El casco de esta pequeña hacienda estaba compuesto por cuatro conjuntos: la casa grande, las trojes, la lechería y los corrales. Parece que lo rodeaba un muro muy alto y sólido.

Debido a la completa ruina, resulta complicado definir cómo era la tipología de la casa grande, ubicada hacia el norte del casco. Quedan vestigios de haber tenido cimientos de piedra y muros de adobe. No hay vanos de puertas o ventanas que den una idea del tipo de arcos que tenían, ni tampoco paredes con detalles ornamentales, aunque se dice que "era muy bonita y elegante". Todavía se ven partes de los pisos de piedra laja, tanto en la casa principal como en una plazoleta, al frente. A juzgar por la cimentación, y por la tipología de otras haciendas de campo en la región, podemos suponer que este conjunto fue rectangular, austero, de una sola planta.

Justo enfrente de la casa principal había una plazoleta, con piso de piedra laja. Al fondo hay dos trojes, siendo lo que mejor se conserva, pese a estar abandonadas y a merced de la ruina. Las puertas de ambas están orientadas hacia el poniente, con detalles decorativos de cantera. A los lados tienen respiraderos, en la parte alta.

Atrás de la casa principal estaba la lechería, así como un huerto familiar. En ese sector aún existe la noria y una pila que sigue utilizándose para uso comunitario.

Hacia el noreste se ubicaban los corrales, a pocos metros de la lechería.

Todo el casco se encuentra en completa ruina. Hoy en día está cercado, excepto donde fue la lechería, que quedó fuera de los límites del nuevo propietario. Cabe añadir que el pueblo se desarrolló hacia el poniente; es posible que muchas de las casas que se ven hoy en día tengan material que eran del casco de la hacienda.

RESEÑA HISTÓRICA

La historia antigua de estos territorios parece estar ligada a la de la hacienda de Carbonera, cuyo casco estaba ubicado hacia el sur, en el municipio de Matehuala, SLP.

Aunque no existen datos de quién haya sido el dueño de estas tierras hasta mediados del siglo XIX, si nos remitimos a la historia de Carbonera podemos concluir que hacia 1800 el dueño era Juan José Mora y Luna Pérez-Calderón (1759-1805), 2do conde de Peñasco y su sucesión pudo haber vendido la parte norte de la hacienda, con sus estancias y ranchos incluidos, a Antonio Elorza. Tras la muerte de éste, la heredera fue Sabina Elorza.

1850: Santos Sainz de la Maza y Ezquerra de Rozas (1811-1873) es el dueño de la parte norte de Carbonera, la cual incluía los ranchos de Cruz de Elorza y Vacas. Él fue un acaudalado comerciante con residencia en Real de Catorce, pero originario de Ogarrio, en la provincia de Santander, España. Uno de sus legados fue la proyección de construir el túnel Ogarrio que comunica a Real de Catorce con Dolores Trompeta y La Luz. También fue impulsor de la Casa de Moneda y la acuñación de monedas en Real de Catorce. Como terrateniente tuvo la ya mencionada hacienda de Carbonera, además de La Pastoriza, San Juan de Vanegas y otras más.

1864: Entre los pocos datos históricos encontrados se menciona que, en este año, en Vacas estuvo un coronel tlaxcalteca de nombre Antonio Carbajal quien administraba bagajes a un hombre de apellido Torres (posiblemente alude a Juan Torres, otro propietario).

1873: Fallece Santos de la Maza en Utrera, España. Los bienes en México pasaron por herencia a su hijo Gregorio Sainz de la Maza y Gómez de la Puente (1843-1902). Se ignora cuándo y a quién vendió el rancho o la estancia de Vacas.

188-: De acuerdo con la historia oral, uno de los propietarios se llamaba Cayetano. Se dice que a la hacienda se le dio ese nombre en honor a él. Se desconoce su apellido. Es posible que él haya convertido a Vacas en la hacienda de San Cayetano de Vacas.

Siglo XX: Juan Torres era el dueño desde finales del siglo anterior. Se dice que murió asesinado durante la Revolución. La viuda de Torres vendió la hacienda.

» » Según cuenta la historia oral, uno de ellos a principios de siglo fue un hombre llamado Pompeyo, cuyo apellido se desconoce.

» » Otro dueño fue Leoncio Córdoba, un comerciante de Cedral, SLP quien adquirió el casco de la hacienda y perforó un pozo para extraer agua y poder sembrar alfalfa, tomate, chile y repollo. Como no fue redituable, vendió su propiedad a Joaquín Calzada, quien vivía en Matehuala.

Siglo XXI: El dueño actual, de acuerdo con algunos lugareños, es una persona de apellido Rosales que radica en Monterrey.

HISTORIAS, ANÉCDOTAS, TESTIMONIOS E HISTORIA ORAL

1. Don Esteban Medellín Gloria explica lo siguiente: "Estas tierras fueron del mismo dueño de La Carbonera. Sus territorios se extendían a Cruz de Elorza, Cerrito de Vacas y otros ranchos. Cuando murió, sus descendientes vendieron las propiedades, dividiéndose así su latifundio en varios ranchos y haciendas, entre otros este de San Cayetano de Vacas".
2. El mismo don Esteban añade: "El hacendado de La Carbonera, que era dueño de San Cayetano de Vacas cuando aquí era así como una estancia de hacienda, era socio de la mina de Villa de

La Paz. En aquel tiempo aquí había una casa de administrador y el hacendado mandó construir una fundición. Llegaban las carretas cargadas de roca y aquí las fundían para sacarles la plata."

3. De acuerdo con las historias que cuentan en El Canelo, Benito Juárez durmió allá y luego pasó por Vacas cuando iba a Matehuala.
4. El nombre de esta hacienda, San Cayetano de Vacas, tiene su origen en el nombre del primer dueño y, además, porque aquí tenían vacas muy finas para la leche y hacer quesos. Se dice que éstos eran llevados a vender a Matehuala.
5. En la época de Cayetano como propietario, él no salía mucho al campo; para eso tenía al capataz y otros empleados de confianza. Él estaba casi todo el tiempo en el casco de la hacienda, atendiendo asuntos administrativos. Si algún trabajador necesitaba hablar con él, por ejemplo para pedirle un favor, tenía que quitarse el sombrero e hincarse frente a su patrón, y sin mirarlo directamente a los ojos, le decía cuál era el propósito de la audiencia. El hacendado escuchaba, pero no siempre ayudaba a los trabajadores.

6. Cayetano murió mientras festejaba su cumpleaños. Estaban él y otros hombres jugando a la chiva enterrada. (Este juego, tradicional de Nuevo León, consiste en enterrar una chiva, cuya cabeza y cuernos quedan expuestos en la superficie y un jinete pasa cerca de ella, la toma de los cuernos y la levanta, y sin dejarla caer tiene que llegar hasta un punto determinado como meta.) En este caso, se dice que Cayetano estaba participando en ese juego y el punto al que tenían que llegar con la chiva era un lugar conocido como El Durazno. Iba él en una yegua muy fina; había salido al último, levantó su chiva y se fue a todo galope, rebasando a otros participantes. Cuando iba mero adelante, la yegua se arredró y Cayetano cayó al suelo. Justo detrás de él venían los demás jinetes y fue tan repentina la caída que ninguno pudo frenar su yegua o caballo que pasaron sobre él, pisoteándolo hasta que murió. En ese momento se acabó la fiesta y el cumpleaños se convirtió en velorio.
7. Juan Torres vivía en la hacienda con su esposa, de nombre Paulina, y sus hijos. Ella sembraba hortalizas en la parte trasera de la casa. Después de que mataron a su esposo, doña Paulina se fue a vivir a Matehuala y aquí quedó solamente el administrador.
8. Se cuenta que el hacendado (sin precisar quién) le decía al capataz que pusiera a la gente a trabajar porque no quería flojos en sus tierras. Andaban las cuadrillas en las parcelas de maíz y echaban las mazorcas en los colotes. Había un personaje conocido como el "surquero", cuya labor era vigilar que toda la cuadrilla estuviera trabajando al parejo. Si alguien se retrasaba por cualquier causa, este personaje lo azotaba con un chicote y lo apuraba para que se uniera a la cuadrilla. Durante las pizcas, el trabajo empezaba en la madrugada y solamente a los trabajadores se les daba un rato descanso para la comida. Seguían laborando hasta las cinco de la tarde, cuando regresaban las carretas cargadas con mazorcas, y los hombres tenían que acomodarlas en las trojes. Terminaba su jornada al atardecer.
9. Don Esteban Medellín Gloria recuerda lo siguiente: "Contaba mi abuelita, porque ella trabajó en

la época de la hacienda, que cuando corrió la voz de que ya venían los villistas, ella y otras gentes acomodaron las barras de plata en cajas y también una campana de oro que estaba en la troje. Echaron todo en una carreta y el hacendado se fue con el cargamento. Nunca se supo dónde fueron a enterrar eso, pero ha de haber sido en una cueva o en un pozo muy grande que habrán cavado y aquí nunca se ha sabido que alguien haya encontrado esas riquezas. Esto seguramente lo supo el nieto o el bisnieto del dueño porque fue el que vino con las máquinas y tumbó casi toda la hacienda y no encontró nada. Nosotros creemos que el hacendado se llevó todo eso a enterrar en otra parte".

10. Se dice que al dueño de nombre Pompeyo lo fusilaron los villistas que llegaron a la hacienda una noche. Como nadie los recibió porque ya estaba la gente dormida, tumbaron la puerta de la casa con sus caballos y despertaron al hacendado, sacándolo en paños menores. Sin explicarle razones, le dieron muerte en la parte trasera de la casa, donde estuvo una pared que ya no existe. Allí la viuda colocó una cruz en recuerdo del punto donde falleció su esposo, y estuvo esa cruz en dicho lugar hasta que unos buscatesoros derrumbaron la pared con una máquina.
11. Otra versión explica que fue a Juan Torres al que mataron en la época de la Revolución porque tenía mucho dinero. Llegaron varios hombres a medianoche, él estaba dormido y lo sacaron en paños menores. Como no quiso decirles dónde tenía escondido el dinero, afuera de la casa lo mataron a balazos.
12. Jonathan Esteban Medellín narra lo siguiente: "Mi abuelito cuenta que la campana de la capilla era de oro y que la enterraron junto con Pompeyo; así se llamaba el hacendado. Mucha gente ha buscado esa campana, pero nadie sabe dónde quedó enterrada".
13. No se sabe con exactitud dónde les daban cristiana sepultura a los hacendados o a sus familiares. En la época de la hacienda no había panteón. A los difuntos los llevaban a enterrar a Doctor Arroyo. Salía el cortejo fúnebre en la noche para llegar a la cabecera municipal en la madrugada. Allá se realizaba la misa de cuerpo presente y se le despedía en el cementerio. Años más tarde se hizo un panteón en el pueblo de San Cayetano de Vacas.
14. Cuando llegó la repartición ejidal, al hacendado se le respetó el casco y algunas hectáreas. Según la historia oral, para entonces Joaquín Calzada ya había fallecido y sus hijos jamás vinieron a reclamar lo que les pertenecía, aunque otros descendientes, o tal vez los mismos, finalmente vendieron lo que quedaba de esta hacienda a la familia Rosales.
15. Se dice que los descendientes de Calzada trajeron una máquina y destruyeron casi toda la casa grande. Con el trascabo tumbaron paredes, las cocinas, las caballerizas e hicieron pozos y levantaron pisos. El propósito era encontrar un tesoro que es más parte de la tradición oral, porque, al parecer, nunca han encontrado grandes riquezas en este lugar. Otra versión explica que el que llegó con máquina fue alguien de apellido Medrano.
16. Doña Petra Rangel Torres recuerda lo siguiente: "La fiesta aquí se hace el 7 de agosto. En la época de la hacienda había una capillita de los hacendados y tenían la imagen de San Cayetano en el nicho de la capillita. Nomás lo sacaban para las fiestas y lo ponían bajo la sombra de un mezquite (que todavía existe), y la gente llegaba a venerar al santo.

Había música y entradas de cera y traían a un sacerdote de Doctor Arroyo para que diera la misa. Cuando se acabó la hacienda, la gente siguió la costumbre de hacer la fiesta abajo del mezquite, hasta que luego construyeron una nueva capilla en el centro del pueblo".

Leyenda

Las llamaradas

Uy, acá cuentan de muchos tesoros, pero quién sabe si los hayan encontrado. Mire, el otro día vino un señor de Monterrey con aparato para buscar tesoros y anduvo mucho rato buscando y nunca marcó nada el aparato. Quién sabe si haya tesoros o ya los hayan sacado.

Cuando mi esposo vivía, adentro de la hacienda ardía mucho. Enfrente de nosotros también vivía antes un señor que se llamaba Francisco Tovar y él daba razón de que cuando venía de cortar la hierba o traer pastura, de repente miraba que ardía con llamaradas verdes. Llegaba aquí a la casa y le decía a mi esposo: "Hombre, se está quemando todo". Salían a ver, y nada. O sea que miraban las llamaradas, pero no eran de lumbre sino que eran llamaradas de tesoros. Luego un señor de apellido Medrano llegó con una máquina y anduvo mucho escarbando y hasta tumbó paredes y parece que nunca halló nada.

Más antes espantaban mucho aquí. Una vez mi esposo y yo fuimos a amarrar unas vacas y nos fuimos por la vereda. Ya veníamos de regreso cuando cerca de un mezquite salió un perrito blanco, pachoncito, y no se nos ocurrió agarrarlo ni nada. Ese perro no lo conocíamos, no era de nadie. Ahí, por no dejar, nos fuimos detrás de él y se perdió en un mezquite grande. En ese punto nos dimos cuenta que era como fantasma de dinero.

También dicen que donde arde es porque hay huesos enterrados de gente. Es que cuando la Revolución mataron a muchos hombres y los dejaron tirados; no había ni quién viniera a llevárselos a un panteón. Ahí se quedaron y sus esqueletos se fueron tapando con hierba y con tierra y muchos ahí seguirán sepultados. Sabemos que donde hay huesos arde y que las llamaradas son verdes o azules, pero no queman, son llamaradas de fantasmas o de los huesos. Una vez cerca de las trojes anduvo un muchacho escarbando y escarbando porque como había visto que ardían las llamaradas, pensaba que ahí había dinero. Anduvo escarbe y escarbe hasta que se asustó cuando encontró un esqueleto. Mejor ya no le siguió, pero le fue a platicar a sus amigos y todos le dijeron que el dinero estaba debajo de los huesos. Al otro día vinieron ellos y sacaron esos huesos, pero abajo no encontraron dinero. Allí ardía porque era el esqueleto de un muerto que nadie llevó sepultar a un panteón.

Petra Rangel Torres

SAN JOSÉ DE RAÍCES

Nombre original:	Raíces
Ubicación:	San José de Raíces, municipio de Galeana, NL.
Distancias:	255 km al suroeste de Monterrey.
	50 km al sur de la cabecera municipal.
Giro económico:	Agrícola e ixtlero.

Descripción arquitectónica y condiciones hasta 2010

La tipología del casco de esta hacienda está muy concentrada. Presenta un solo elemento que fue construido hacia finales del siglo XIX sobre una construcción más antigua. Es muy sólido, de piedra con acabados de laja; tiene más de cinco metros de altura, lo que le da el aspecto de fortaleza. En su interior hay grandes bodegas divididas por muros que son de uso comunitario; los techos ahora son de lámina. En la parte trasera, hacia el norte, está el portón por donde entraban las carretas a dejar los productos que se iban a almacenar. Hoy en día sigue utilizándose como tal, pero para vehículos motorizados. Cabe mencionar que estas bodegas están ahora divididas en dos partes, una para almacenar la papa que se cultiva en la región y otra para la semilla de papa que se vende en otros lugares.

Orientada hacia el sur estaba la casa grande, el área de servicio y la comercial. Tiene un pórtico lateral de acceso, en el cual se lee la fecha de marzo 19 de 1897. Este sector presenta una larga fachada de estilo neoclásico porfirista, ventanales rectangulares con rejas y remates. En la esquina poniente se observa lo que fue la oficina o escritorio, con una torre campanario que se utilizaba para llamar a los trabajadores a inicio de labores. Al lado hay un portón con arco de medio punto. Enseguida, hacia el oriente, estaba la puerta principal de la casa grande con arco de medio punto y ventanales rematados con dinteles neoclásicos triangulares. En el interior de este sector se hallaban las habitaciones, el área social y la de servicio, todo rodeado por un jardín. Más hacia el oriente estaba la tienda de raya, con su trastienda, y los almacenes.

Esta parte del frente ha tenido diversos usos a través de los años. Ha sido escuela, casa-habitación, oficinas particulares o de gobierno y bodegas; incluso estuvo allí una sucursal del banco Agrícola que administraba la producción de papa. En la actualidad está abandonada, excepto por una troje que hace décadas se adaptó como capilla y sigue utilizándose como tal.

Al frente del casco, donde hay ahora una escuela telesecundaria, todavía existen las pilas donde lavaban el ixtle, así como los solares donde se colgaba para dejarlo secar antes de almacenarlo y luego trasportarlo a los puntos de venta. Los hornos para hervir la fibra de palma han desaparecido. Por otro lado, un tanto alejado del casco había cuartos de trabajadores y pequeños corrales que en la actualidad no se ven porque fueron unos adaptados para uso habitacional y otros para cocheras o corrales modernos.

Nota: Llama la atención que siendo una comunidad relativamente pequeña y rural, en las paredes alrededor del casco haya muchas pintas tipo grafitti.

Reseña histórica

Siglo XVII: Fernando Sánchez de Zamora escribió una relación de ranchos habitados por nativos negritos y bocalas. En dicha relación menciona el rancho de San Joseph.

Siglo XVIII: Existen pocas referencias de la estancia o rancho de San José que era anexo a la hacienda San Francisco de El Potosí.

1802: Fermín de Reigadas levanta un plano de la hacienda de Nuestra Señora de la Soledad (en el municipio de Aramberri) por órdenes de sus propietarios los condes de la Cortina. En ese mapa se muestran los límites de la hacienda, sus estancias y puntos principales. En la parte baja izquierda se ve San José justo donde convergen las haciendas La Soledad, Carbonera y El Potosí.

1842: Juan de Dios Ramos compra la hacienda El Potosí y anexas a Juan de Dios Pérez-Gálvez Obregón, 2do conde de Pérez-Gálvez.

188-: Francisco M. Coghlan compra San José de Raíces, seguramente a Anselma Recio viuda de Ramos, y la convierte en hacienda. Él fue un minero nacido en Real de Catorce, en 1853, hijo de David Coghlan, un minero inglés, y de Francisca Calvillo, originaria de Villa de Ramos, SLP.

1893: En el remate de un pórtico se lee la fecha de julio 20 de 1893. Cabe especular que en ese tiempo se hizo la remodelación de la casa grande.

1895: En junio, el presidente Porfirio Díaz está de vista en la hacienda de San José de Raíces. Quedó muy impresionado con los muebles fabricados por Jorge Unna a petición de Francisco Coghlan. El presidente días más tarde fue a la fábrica de Unna en San Luis Potosí.

1903: El 1° de enero, fallece Francisco Coghlan en San Luis Potosí. Aparte de minero en Catorce, fue también miembro fundador y accionista del Banco de San Luis Potosí, al igual que Matías Hernández Soberón (1826-1909).

» » Matías Hernández Soberón compra la hacienda a los herederos de Francisco Coghlan. Hernández Soberón fue un empresario y terrateniente con grandes haciendas en San Luis Potosí, como Illescas, Cruces y Guanamé.

1936: El 23 de noviembre, la Comisión Agraria Mixta levanta un censo sobre fincas afectables y decreta la expropiación de tierras de San José d Raíces, propiedad de los sucesores de Matías Hernández Soberón. La expansión ejidal de este decreto tomó efecto el 9 de febrero de 1943.

1937: El 7 de septiembre, expropian 41 has de San José de Raíces, propiedad de la sucesión de Pilar Toranzo viuda de Hernández Soberón.

1955: El 10 de septiembre, los hermanos Matías y Adelaida Hernández Toranzo venden sus terrenos de la ex hacienda al Banco Nacional de Crédito Agrícola.

HISTORIAS, ANÉCDOTAS, TESTIMONIOS E HISTORIA ORAL

1. Se dice que el nombre original de esta hacienda era simplemente Raíces. No se sabe desde cuándo se le antepone el San José.
2. Como se ve la hacienda hoy en día es diferente a la original; aquélla era de sillar, parecida a la de El Potosí. Los Coghlan tumbaron la construcción antigua para levantar la nueva.
3. En sus orígenes como estancia de El Potosí se cultivaba trigo y cebada, aunque el algún momento de su historia posterior el giro principal fue el ixtle de lechuguilla y de puya (extraída de la palma).
4. En la hacienda hacían cuerdas de ixtle y de palma para las minas en Real de Catorce y La Paz.

Cada semana salían dos carretas cargadas de cuerdas, además de otra con granos que se vendían en Cedral o en Matehuala.

5. Cuando San José de Raíces dejó de ser hacienda para convertirse en ejido, el ixtle y la fibra de palma habían perdido valor en el mercado. Entonces los ejidatarios cambiaron el giro a la producción de papa.
6. Partes del casco de la hacienda son ahora bodegas de grano y de papa principalmente. Por varias décadas estuvo abandonado hasta que los ejidatarios se organizaron para aprovechar las bodegas y almacenar este tubérculo; esto hace poco más de 25 años, cuando se instaló una sucursal del banco Agrícola para que administrara. Algo importante que vale mencionar es el uso comunitario que se le da al casco de la ex hacienda.
7. El altar de la capilla de San José sufrió un incendio hace muchos años cuando los feligreses dejaban velas prendidas. Por no haber vigilancia, y por falta de precaución, una se cayó, provocando el incendio.
8. Aquí el santo patrón es San José y se le hace una fiesta un tanto deslucida. La fiesta principal se celebra en honor a San Francisco de Asís.

   Nota: se desconoce desde cuándo la fiesta más importante es la del 4 de octubre, pero es de suponerse que fue instituida por los Ramos, quienes eran dueños de San Francisco de El Potosí y tenían misioneros franciscanos en aquella hacienda, o bien, que Francisco Coghlan haya tomado esa decisión por llevar el nombre del santo y por haber nacido en Real de Catorce.

Leyendas

El vampiro

Hace *munchos* años *íbanos* allá a San José de Raíces, del lado de Nuevo León, al asunto de la papa –esa fue una hacienda muy grande, más que la de Pastoriza (en el municipio de Matehuala, SLP). Entonces una vez *íbanos* par'allá con nuestros burros cargados de *maiz* y se nos hizo tarde y, pa' no seguirle a oscuras, nos arreglamos pa' dormir ahí a un ladito del camino –era camino de herradura–, pasando un lugar que le dicen El Salero. Prendimos una lumbrita pa' calentar las gordas y ahí *tábanos* cuando oímos que tecuruqueó un animal. Por el ruido pensamos qu'era un tecolote, pero sonaba más grue-

sote. Nos acercamos hasta una palma china y vimos un animalote –grande y prieto el animalote–, y eso que ya'staba oscura la noche. Le aventamos piedras y que se va volando y le vimos las alas pero *muncho* más grandes que las de cualquier tecolote. Se fue tecuruqueye y tecuruqueye. No supimos qué había sido eso.

En la mañana llegamos a Raíces y cambiamos allá *maiz* por papa y les platicamos a las gentes de allá lo del animalote que vimos en la noche. No, qué le cuento: nos dijeron ellos qu'era que un vampiro, que allá en es'hacienda contaban *munchas* cosas de los vampiros qu'existían desde cuando los hacendados levantaron es'hacienda y que dejaron de tener animales porque los vampiros se los mataban. Yo ya había *oido* pláticas de los vampiros –y *orita* le cuento más– y nomás por no dejar nos regresamos temprano al otro día porque no quisimos que nos cayera la noche otra vez por ahí en el monte. Es que dicen qu'esos vampiros son malos, o sea que le chupan la sangre a los animales, a las vacas, las chivas, los burros, pero también luego se van contra la gente. Nosotros tuvimos suerte que no se *haiga* venido a atacarnos cuando le aventamos las pedradas.

Marcos Saucedo

Las llamaradas

Dicen que donde salen las llamaradas ahí mero hay dinero enterrado. Antes vivíamos en Raíces y me acuerdo que una noche ahí donde vivíamos como a las 12 de la noche salí yo p'ajuera y vi una llamarada *ansinita*, pero no era llamarada de lumbre, sino una llamarada blanca como de pólvora. Es una llamarada blanca, pero como azulita.

Entonces yo le dije a mi viejo y él sacó la varita. Es que con la vara uno sabe si hay dinero, si hay fierro o cosas así. Entonces él con la vara encontró el punto y ahí se puso a escarbar y sacó un montón de huesos –eran huesos como de aquí de las canillas– y más abajo sacó unos fierros. Le siguió escarbando hasta que ya pegó con el caliche y pues ya no le siguió porque está muy duro. Se me hace que no había dinero, pero la llamarada era de eso de los huesos y de los fierros que estaban enterrados. Luego les platicamos a otras gentes y nos dijeron que han de haber sido cosas de cuando la hacienda, o sea de cuando llegó la Revolución y enterraron muertos en cualquier pozo.

Guadalupe Olvera

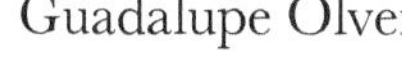

SANTA MARÍA

Ubicación:	Santa María, municipio de Salinas, SLP.
Distancias:	125 km al poniente de la capital del estado.
	25 km al norte de la cabecera municipal.
Giro económico:	Agrícola y ganadero.

Descripción arquitectónica y condiciones hasta 2010

El casco de esta pequeña hacienda se construyó aprovechando uno más antiguo y austero que era la casa del administrador cuando Santa María era una estancia de la hacienda de Cruces (ahora en el municipio de Moctezuma).

Ya como hacienda independiente, su casco estaba dividido en tres conjuntos, dos de ellos adyacentes, separados por dos silos (sólo sigue uno en pie). El de la casa grande tenía un patio empedrado al centro, con jardineras y fuente o noria. Las habitaciones principales, donde en algunas paredes aún se observa pintura decorativa, estaban hacia el poniente, y en la parte trasera se ubicaban los cuartos de algunos empleados de mayor confianza. Las áreas de servicio se encontraban hacia el norte y atrás de ellas había una troje antigua que fue adaptada como templo de la hacienda; ésta tenía la puerta hacia la calle. A un lado de dicha puerta estaba la oficina y el cuarto de vigilancia. En la actualidad todo este conjunto se encuentra abandonado y en vías de la ruina, como la iglesia cuyo techo se cayó y hasta el altar derrumbaron en busca de tesoros.

Hasta hace algunos años hubo dos silos, pero el más pequeño se desplomó. Atrás de éstos se encontraban el huerto familiar, las caballerizas, los corrales y algunas trojes. Aunque casi todo eso está descuidado, algunos sectores continúan utilizándose como corrales y establos, ya que los abrevaderos y pesebres se conservan casi intactos. El silo que se mantiene en pie fue remozado hace pocos años y se utiliza para guardar herramientas. Cabe mencionar que los silos son poco comunes en las haciendas o estancias del Altiplano; entre los pocos casos encontrados tenemos estos de Santa María, seis en Noria de Conos, municipio de Matehuala; uno en Santa Rita del Sotol, municipio de Cedral, y uno en El Tecolote, municipio de Doctor Arroyo, NL (El Tecolote fue estancia o rancho de Santa Rita del Sotol).

Por otro lado, junto a este silo se encuentra lo que fue la tienda de raya con sus almacenes. Se ve en buenas condiciones y se usa como corral. Las antiguas casas de los trabajadores estaban separadas de estos dos conjuntos y a través de los años fueron remodeladas para uso habitacional de los lugareños, o bien, para comercios. La casa del administrador, enfrente de la casa grande, fue adaptada como escuela.

Reseña histórica

Aunque existen pocos datos históricos sobre esta hacienda, se sabe que fue estancia de la hacienda de Cruces hasta mediados del siglo XIX.

185-: Cuando Francisca de Paula Pérez Gálvez, la condesa de Pérez Gálvez, tuvo problemas por la tenencia de tierra que terminaron con expropiación y creación de pueblos, como El Tapado y Zamorelia, así como un municipio (ahora desaparecido) en San Juan de Salinillas, que se llamó Villa Concordia, vendió algunas estancias y ranchos y, de tal modo, Santa María se convirtió en hacienda independiente. Se desconoce quién le compró estas tierras a la condesa.

18--: Sin precisarse fechas, gracias a la historia oral sabemos que un hombre llamado Severiano Palomo, quien era el administrador, en algún momento adquirió esta hacienda. Este dato puede sustentarse porque en 1895 Dionisio Palomo era el administrador general de Cruces e Illescas, mientras que su hijo Antonio Palomo se hacía cargo exclusivamente de la administración de Illescas.

Siglo XX: Urbana Ojeda estaba registrada como propietaria. Ella compró la hacienda a su anterior dueño ya estando casada con Hermenegildo Robledo, que era el administrador.

HISTORIAS, ANÉCDOTAS, TESTIMONIOS E HISTORIA ORAL

1. Cuando Santa María era una estancia de la hacienda de Cruces hicieron una presa en el ojo de agua y todavía queda la cortina muy sólida, aunque el ojo de agua está seco, pero la presa se llena con las lluvias. En aquellas épocas venían los hacendados y dormían dos o tres noches en una casa que tenían. Hacían días de campo en la presa.
2. Se dice que cuando un hombre llamado Severiano Palomo estaba aquí como administrador compró estas tierras y las convirtió en hacienda.
3. En la época productiva de la hacienda llenaban de granos los dos silos, llegaban las carretas a cargar y luego iban a vender el excedente en Salinas.
4. Cuando empezó a disminuir la producción, el silo pequeño (el que posteriormente se desplomó) dejó de utilizase como granero y lo convirtieron en la oficina de la hacienda.
5. Aquí se han caído muchas cosas porque, se dice, los ardillones escarban y hacen sus pozos en la base de las paredes lo que provoca que, cuando llueve mucho, se desplomen porque ya están huecas, no tienen cimientos.
6. Antes la capilla estaba en un cuarto, pero cuando se cayó el techo, hace varios años, sacaron las imágenes para colocarlas en otro lugar; allá es donde ahora se ofician las misas. En Santa María se venera a San José y a la Virgen de Guadalupe.

7. Cuando se cayó el techo de la capilla, ésta quedó abandonada y llegó gente de otras partes a escarbar en busca de tesoros. Incluso destruyeron el altar, pensando que allí podría haber objetos de oro. Andaban buscando tesoros y lo único que destruyeron fue el tesoro mismo, el altar que estaba muy bonito, según se dice.
8. Don Javier Ojeda cuenta lo siguiente: "Antes había una placa de cantera labrada donde estaban las fechas cuando empezó esta hacienda y también parece que estaban los nombres de los dueños de aquel tiempo. Pero ahí estuvo esa placa abandonada muchos años y los muchachos la agarraban a pedradas, al tiro al blanco, y por eso ya no se le nota nada de las letras. De lo único que

me acuerdo es que estaba una fecha de 1800 y tantos".

9. Don Juan Alvarado recuerda lo siguiente: "El cono que se cayó era más pequeño y se cayó con un rayo hace como dos o tres años. Eran como las siete o las ocho de la noche y toda la gente todavía estaba despierta. Estaba tronando muy feo esa noche y luego tronó más feo y rumbó diferente a los truenos de rayos. Aunque estaba lloviendo, salimos a ver qué había pasado y se veía la polvareda porque al caerse el cono levantó muchísimo polvo. Como ya estaba abandonada esa parte, lo bueno es que no hubo desgracias, pero el susto que nos llevamos todos fue grandísimo".

Leyendas

El cambio de vírgenes

Yo me acuerdo que antes platicaban que en la hacienda de Santa María hacían una fiesta muy bonita el 15 de agosto; eso en la época cuando todavía era hacienda y así nos platicaba mi abuelo porque él era comerciante que iba a los ranchos a vender y más cuando había fiestas en los pueblos. Decía que donde están unos conos –yo no conozco esa hacienda– ahí se ponían todos los comercios afuera y desde la tarde del día 14 empezaban a llegar los carros de cera y la gente cantaba toda la tarde y toda la noche y también hacían bailables que muy bonitos. Era una fiesta muy grande, así como la de nuestro Padre Jesús aquí en Salinas, pero la de acá dura más tiempo y es más importante porque es la feria del municipio. Y luego le cantaban las mañanitas a la virgen María y tronaban muchos *cuetes* y así era esa fiesta. Con decirle que hasta el obispo iba para allá.

Nos contaba mi abuelo que la fiesta se acabó porque –habrá sido cuando la época de la Revolución– unos bandidos se robaron la imagen una noche que asaltaron la hacienda; se llevaron muchas cosas, pero lo peor fue que se llevaron la imagen de la virgen que allá veneraban mucho. No me acuerdo muy bien, pero parece que los hacendados andaban luego con la idea de conseguir otra imagen de Santa María, pero en eso salió que una tarde llegó uno de los pastores corriendo a decirle al hacendado que se había encontrado que la virgen de Guadalupe en un arroyo. El hacendado como que no quiso creer, pensando que eran embustes de aquel pastor, pero su mujer le dijo que nada les costaba ir a ver si era cierto. Entonces se fueron a caballo y sí, allí estaba la imagen de la virgen de Guadalupe en un arroyo seco y la llevaron a la hacienda para ponerla en la iglesia.

Parece que luego, luego corrió el chisme entre la gente y todos querían ir a ver esa virgen aparecida, o más bien encontrada porque ella se aparece en las piedras o en los árboles y no en cuadro, ¿verdad? Y desde entonces empezaron a venerar mucho esa imagen y decían que hasta obraba milagros, pero la fiesta entonces la cambiaron al 12 de diciembre y ya nunca fue igual. Mi abuelo decía que nomás fue una sola vez a la fiesta nueva y ya no volvió porque las ventas no fueron buenas y, además, siempre era mejor ir a otras partes más grandes porque en esa fecha en todos los pueblos o las ciudades también veneran a la virgen de Guadalupe y las ventas son mejores que en los pueblitos o los ranchos.

¿Qué le parece esta historia o leyenda? Entonces la virgen de Santa María desapareció porque se la robaron y la virgen de Guadalupe apareció porque se le encontraron.

Fermín López

Para cortar a la culebra

¿De la culebra? Ah, sí, sí. Hace poco cayó un aguacerazo –ya tenía muchísimo tiempo de no llover. A mí no me tocó verlo porque yo andaba pa' San Luis. Cuando volví al día siguiente me platicaron qu'ese aguacerazo era culebra; fue una culebra muy fuerte. Cuando es culebra, como aquí le tienen mucho miedo porque causa muchos destrozos, dicen que hasta la cortan, o sea que la cortan con cuchillo y también le avientan sal.

Bueno, según platican la cortan así: está el aguacerazo y, en la dirección donde anda la culebra, con el cuchillo le hacen una cruz *ansina* en el aire. Con eso la cortan y luego l'echan sal, o sea que avientan sal rumbo a la culebra en el aire para que se vaya. Eso dicen.

Luego contaron que en un ranchito que se llama Santa María –fue hacienda allá–, pegó la culebra y que hasta tumbó una troja qu'es *ansina* como un cono con el pico p'arriba. Como esa culebra fue de noche, *pos* la gente no se dio cuenta de que ai venía la culebra y por eso no la cortaron. Pero, fíjese, lo curioso es qu'esa culebra les cayó allá de noche, y digo que es curioso porque acá los viejitos cuentan que nomás pega de día, en las tardes.

Eugenio Ramos 

SANTA TERESA

Ubicación:	Encarnación, municipio de Ahualulco, SLP.
Distancias:	50 km al poniente de la capital del estado.
	20 km al suroeste de la cabecera municipal.
Giro económico:	Cría de ganado lanar y mezcalero.

Nota: Aunque Santa Teresa se ubica en el municipio de Ahualulco, que geopolíticamente no está considerado como parte del Altiplano potosino, esta hacienda tuvo estancias y ranchos que ahora forman parte del altiplanense municipio de Moctezuma.

Descripción arquitectónica y condiciones hasta 2010

El casco de esta hacienda estaba fortificado, con dos conjuntos principales separados por el templo: el de la casa grande y el de las trojes.

La casa grande ha conservado su estilo original –austero y muy simétrico. Presenta una planta horizontal con la puerta principal al centro y dos ventanales por ambos lados; todos estos elementos con arcos de medio punto. En la parte central, sobre la entrada, hay un segundo piso, conocido como el mirador. Está rematado al estilo neoclásico, aunque burdo, y con el sello de la casa: un maguey labrado. Al lado derecho de la casa grande, donde hay ventanales rectangulares en la fachada, estaban el comedor y la sala. Esta área de la casa grande es de uso vacacional para sus propietarios.

Separada de la casa principal por un portón que era el acceso de las carretas cargadas de mercancía que se almacenaban en la trastienda, estaba la tienda de raya. En la parte trasera, hacia el poniente, se encontraban los cuartos de los trabajadores, así como la herrería y enseguida estaba la cocina grande, en la cual se preparaban alimentos para los empleados. En este sector hay algunas casas-habitación en uso.

A un lado de la tienda de raya se encuentra el templo dedicado a Santa Teresa de Jesús. Cabe señalar que los elementos constructivos de este casco son piedra y adobe, excepto el templo que fue recubierto con ladrillo cocido. Tiene una sola nave, y como algo fuera de lo común, se le agregó una torre exonártex con campanario (otro similar lo encontramos en la hacienda El Peñuelo abordada también en esta obra). Haciendo las veces de cruz latina, hay dos cuartos, uno que es el baptisterio y el otro que fue la casa del cura. Esta iglesia es de uso comunitario y la abren cuando hay misas o para ocasiones especiales. La fiesta patronal se celebra el 15 de octubre, pero hay otra, el 27 de junio, dedicada al Perpetuo Socorro.

A un lado del templo se encuentra una troje rectangular que fue la carpintería. Enseguida hay tres trojes con techos de media caña donde se almacenaba el grano y la lana. Al frente está la era donde se limpiaba el grano del sollejo y se dejaba orear. Hacia el fondo se ubicaban los corrales de borregos.

Enfrente de estas trojes hay una pila donde se desgranaba el maíz y la cebada. Al frente del conjunto de la casa grande, separado por una amplia plazoleta, había más corrales. En la actualidad los abrevaderos se ven en buenas condiciones.

Extramuros, hacia el norte, se encuentra la fábrica de mezcal que no ha sufrido alteraciones en su estructura arquitectónica y sigue produciendo como antaño, aunque con métodos modernos. En la puerta de entrada se lee la fecha de 1889.

RESEÑA HISTÓRICA

1605: El capitán Gabriel Ortiz de Fuenmayor es el primer dueño de estas tierras. De origen español, fue teniente de Miguel Caldera en la pacificación de la Gran Chichimeca. Tras la muerte de Caldera, en diciembre de 1597 el virrey Conde de Monterrey nombró a Ortiz de Fuenmayor Justicia Mayor del Pueblo de San Luis Minas del Potosí. Fue también dueño de minas en Charcas y Guadalcázar y de haciendas como la de Bocas de Maticoya, la de Espíritu Santo y la de Bledos.

1617: Isabel Pérez de Fuenmayor hereda las tierras tras la muerte de su marido.

1623: La Compañía de Jesús compra las tierras de Isabel Pérez de Fuenmayor. Al casco se le conocía como La Parada por ser descanso en el trayecto de San Luis Potosí a Zacatecas. Así se le quedó el nombre, aunque no se sabe si se le consideraba hacienda, monasterio, casa de retiro o venta. Otras versiones afirman que, en sus orígenes, Santa Teresa era un rancho perteneciente a la hacienda de La Parada.

1767: Expulsan a los jesuitas de territorios de la Nueva España. Las propiedades, como La Parada y el rancho de Santa Teresa, pasó a la Junta de Temporalidades de la Corona Española.

1783: Luis Cabeza de Vaca compra La Parada, pero muere el mismo día que le fue adjudicada. Su yerno Ángel Prieto Maza de inmediato adquirió La Parada y ranchos anexos, como Santa Teresa. Este hombre, nacido en Cantabria, España, se había casado en San Luis Potosí con María Josefa Vélez de las Cuevas, en 1776. A principios del siglo XIX, fue uno de los muchos hacendados que contribuyeron con caballería para abastecer al ejército "Los dragones" que comandaba Félix María Calleja.

181-: Juan Manuel Prieto Quintanilla hereda La Parada y anexas tras la muerte de su padre. Él se había casado en 1810 con Josefa Cortina Martínez, en San Luis Potosí.

1820: Fallece Manuel Prieto, dejando a su viuda Josefa Cortina como coheredera. Al año siguiente, ella se casa en segundas nupcias con Pantaleón Ipiña y Eguía.

1822: Pantaleón Ipiña Eguía (1785-1843) adquiere estas tierras y otras propiedades de la sucesión de Ángel Prieto Maza a través de su esposa Josefa Cortina Martínez. Pantaleón nació en Valle de Ceberio, provincia de Vizcaya, en España. Enviudó de Josefa Cortina en 1823, año en que también murió su primogénito. Se casó en segundas nupcias con Genoveva de la Peña Santacruz, en 1834.

1843: Fallece Pantaleón Ipiña Eguía, dejando como herederos a sus hijos aún menores de edad. Su viuda, Genoveva Peña Santacruz se casó en 1847 con Casimiro Lucas Toranzo Ortiz, quien se convirtió así en padrastro y tutor de los Ipiña Peña y administrador de La Parada y otros bienes.

1862: José Encarnación y Petronila Ipiña Peña reciben la herencia

José Encarnación Ipiña

dejada por su padre y dividen la hacienda de La Parada. Jovita se quedó con la parte asignada a La Parada y José Encarnación se quedó con la parte de Santa Teresa, convirtiéndose así en hacienda independiente.

» » Gracias a los tipos de terreno en la extensión de la hacienda, José Encarnación Ipiña (1836-1913) especializó Santa Teresa en la producción de mezcal y la cría de ganado lanar. A partir de entonces, esta hacienda creció en territorio y tuvo estancias importantes, como Ancón (municipio de Moctezuma) y otras fábricas mezcaleras, como Ipiña, Arenal y El Tulillo (en el municipio de Ahualulco). Su extensión máxima llegó a ser de 46,000 has.

Fábrica de mezcal Ipiña

1889: En la entrada de la fábrica de mezcal está inscrito el año 1889, cuando empezó a operar. Trabajó ininterrumpidamente hasta 1955, cuando por cuatro años cerró, hasta que se reabrió en 1959 y a partir de entonces sigue produciendo día con día.

1890: Se inaugura el ramal Aguascalientes-Tampico del Ferrocarril Central Mexicano. Gracias a que el ramal pasaba por territorios de Santa Teresa, se impulsó la comercialización del mezcal, principalmente en las fábricas de Arenal e Ipiña por tener estaciones cercanas.

1913: Fallece José Encarnación Ipiña, dejando sus bienes entre sus hijos. Matilde Ipiña Verástegui hereda Santa Teresa. Ella se había casado en San Luis Potosí con Octaviano Cabrera Hernández.

1914-1919: Los estragos de la Revolución llegan a muchos hacendados, a quienes les privan sus derechos. Se van a litigios y varios recuperan sus tierras, pero ante el caos generalizado dejan de pagar impuestos o predial. Cuando se les obliga a liquidar sus deudas, muchos se ven en grandes dificultades y rematan o hipotecan sus bienes, sus haciendas.

192-: Octaviano Cabrera Ipiña (1908-1993) y Ernesto Cabrera Ipiña (1914-) heredan Santa Teresa en vida de sus padres. Octaviano fue un connotado ingeniero y escritor potosino que también hizo investigaciones acerca de las haciendas.

1937: Con la Reforma Agraria, Santa Teresa, al igual que todas las haciendas, se vio afectada y perdió territorio. En 1936 tenía 25,000 has y en 1937 le quedaron sólo nueve, dos del casco y siete de huertas.

19--: La familia Herrán Cabrera se ha dado a la tarea de conservar Santa Teresa en muy buenas condiciones.

Historias, anécdotas, testimonios e historia oral

1. El pueblo donde se ubica la hacienda se llama Encarnación porque aquí está la fábrica que era de José Encarnación Ipiña. Santa Teresa es el nombre de la hacienda, mientras que el pueblo de Santa Teresa está cruzando el arroyo, hacia el oriente. Antiguamente a ese lugar se le llamaba Estancia de Santa Teresa porque allá también había trojes y casas de los trabajadores de la hacienda.

2. Cuando los Ipiña recibieron como herencia La Parada, la dividieron en dos partes. Santa Teresa fue para José Encarnación Ipiña y como las dos eran haciendas agrícolas, para evitar competencia entre los dos hermanos y las haciendas él le dio a Santa Teresa el giro de mezcalero con mucho éxito.
3. En esta hacienda había jerarquías en la clase laboral. Por ejemplo, en el más alto rango estaban el administrador y el ama de llaves, así como el administrador de la mezcalera. Después seguía la servidumbre de la casa grande y un poco más abajo las personas que trabajaban adentro del casco, ya fueran carpinteros o de diversos oficios, incluyendo a los que cuidaban las borregas; en este mismo rango estaban los empleados de la mezcalera. En el rango más bajo estaban los arrieros y los pastores, así como los jimadores. Esa jerarquía se manifestaba en mejor sueldo y en ciertas prestaciones.
4. Se dice que el mirador era el estudio del hacendado, quien desde un balcón observaba el trajinar adentro del casco.
5. Cuentan que un sobrino del hacendado llegaba a Santa Teresa a pasar sus vacaciones. Se quedaba hasta dos meses, aunque sus tíos no estuvieran. Era un muchacho muy estimado por los trabajadores, pues les daba buen trato y solía conversar con ellos. Una tarde que venía de regreso a la casa en su caballo, éste se asustó con una víbora de cascabel que estaba enroscada en la vereda. El caballo relinchó y tumbó al muchacho, quien se golpeó en la cabeza. Desde entonces, perdió la cordura, hablaba incoherencias y su carácter se tornó tan irascible que le decían "el loco". Siguió viniendo a pasar sus vacaciones, pero no volvió a convivir con la gente.
6. En sus buenas épocas, el mezcal que aquí se producía era del maguey cultivado en los territorios de la hacienda o en ranchos anexos. Cuando por sequías u otros problemas escaseaba, se adquiría la materia prima en otras partes, lo cual se traducía en un aumento en el precio al público y también en variación de calidad.
7. La era o pila circular enfrente de las trojes servía para desgranar. Traían toda la cosecha de las milpas y la dejaban secar. Cuando ya estaba seca, metían a la caballada bronca para que pisoteando desgranaran las mazorcas. Una vez terminado este proceso, sacaban el grano y lo limpiaban para después meterlo en cajas y acomodarlas en las trojes.

8. En la época de la Revolución, las tropas que pasaban por aquí pedían albergue y alimento y el administrador se los concedía, acatando órdenes de don Encarnación. Esa fue una de las razones para que este casco no haya sido incendiado. En cambio, la dueña de La Parada no quería saber nada de los revolucionarios y por eso éstos destruyeron la casa grande y quemaron las trojes.
9. Cuando un grupo de carrancistas prendió fuego al casco de La Parada, la gente de allá recogió las imágenes de bulto del templo y las trajo a resguardar a Santa Teresa. La única imagen que no trajeron fue la de la Virgen de La Candelaria porque, según una leyenda, ella sola se había ido a Ahualulco.
10. Con la Reforma Agraria, en la hacienda de Santa Teresa se respetó la casa grande y algunas huertas. Una de ellas, con fecha de 1893 en su entrada, era de frutales casi para uso familiar. Con la repartición ejidal este predio siguió perteneciendo la misma familia, pero en cierto momento

fue vendido y en la actualidad está muy descuidado, pues ya no se producen frutos, salvo los que siguen creciendo casi de manera silvestre.

11. Don Mode cuenta lo siguiente, refiriéndose a don Octaviano Cabrera: "Don Tano fue hermano de la mamá del dueño de ahora. Cuando don Tano faltó, le dejó esta propiedad su sobrino. Yo me acuerdo que don Tano era un hombre chaparrito. Hablaba muy curioso, como gachupín, y era muy amable con los trabajadores; siempre platicaba con nosotros".

Leyenda

Tesoros encantados

Hay pláticas muy antiguas de cuando los hacendados empezaron a llevarse el dinero para que los bandidos de la Revolución no se lo robaran. Los hacendados mandaban a los arrieros con las cargas de dinero a otras partes, por ejemplo, a San Luis. Siempre iba con ellos el capataz, que iba cuidando el cargamento. Si él se daba cuenta de que ya venían las gavillas, entonces separaba al grupo de arrieros para que se fueran por rumbos diferentes y él se quedaba con otro arriero cuidando la carga más valiosa. Si la cosa estaba difícil, entonces había que enterrar el dinero, ya fuera haciendo un pozo o metiéndolo en una cueva. Entonces el capataz se encargaba de matar al arriero para que nadie supiera dónde había quedado el dinero enterrado y también para que el ánima del arriero se quedara a cuidar ese tesoro. Por eso dicen que esos tesoros están encantados.

Aquí en Santa Teresa hay dos ejemplos que sabemos. Uno es en la loma de la subida (hacia la carretera) donde dicen que el capataz mató a un arriero para que se quedara cuidando el tesoro que ahora está encantado. Ahí espantan, o sea que el ánima del difunto es la que espanta. El otro ejemplo fue en aquel cerro, en una cañada cerca de un llanito, pero no sabemos que se vean cosas o llamaradas. Lo que sí sabemos es que el capataz mató al arriero allá donde enterraron la carga de dinero.

Modesto Vázquez

AGRADECIMIENTOS

Para escribir un libro de estas características se requiere del apoyo directo e indirecto de muchísimas personas. Mi más sincero agradecimiento a la gente del Altiplano que a diario convive con esa riqueza cultural tangible e intangible manifestada en los cascos de las haciendas. La información que compartieron conmigo a través de charlas informales es la parte sustancial de este libro. En particular quiero mencionar a las siguientes personas que me permitieron escuchar sus recuerdos:

Adelita Rojas, de El Mezquite, municipio de Saltillo, Coah.
Alfredo Ruiz, de San José de Raíces, municipio de Galeana, NL.
Ana María Rojas, de Buenavista, municipio de Guadalcázar, SLP.
Andrés Lecuanda Miroslavich, de San Luis Potosí
Antonia Trujillo, de La Enramada, municipio de Moctezuma, SLP.
Lic. Antonio Morales, de Saltillo, Coah.
Arturo Alemán López, de El Epazote, municipio de Venado, SLP.
Arturo Rodríguez García, comisario de Derramaderos, municipio de Villa de Arista, SLP.
Asunción Mata Colunga, de Poblazón, municipio de Catorce, SLP.
Aurelio Ortiz, de Yoliátl, municipio de Villa de Ramos, SLP.
César McCullough Pumarejo, de Ciudad de México
Don Jesús, de Santa Rita del Sotol, municipio de Cedral, SLP.
Don Pancho, de Tanque de Arenas, municipio de Catorce, SLP.
Doña Higinia, de Santa María, municipio de Salinas, SLP.
Doña Yolanda, de Santa María, municipio de Salinas, SLP.
Eleuterio Castillo, de La Corcovada, municipio de Villa Hidalgo, SLP.
Ernestina Balderas García, de El Peñuelo, municipio de Galeana, NL.
Ernestina Coronado, de El Peñuelo, municipio de Galeana, NL.
Esteban Luna, de San José de Raíces, municipio de Galeana, NL.
Esteban Medellín Gloria, de San Cayetano de Vacas, municipio de Doctor Arroyo, NL.
Familia Hernández, de Cerros Blancos, municipio de Mier y Noriega, NL.
Fermín López, de Salinas, SLP.
Fernando Chavira López, de San Luis Potosí
Fil Méndez, de El Epazote, municipio de Venado, SLP.
Francisco Sánchez Martínez, de El Mezquite, municipio de Saltillo, Coah.
Gerardo Gerryz, de Saltillo, Coah.
Graciela García Medellín, de El Canelo, municipio Dr. Arroyo, NL.
Ignacio Castillo, de La Corcovada, municipio de Villa Hidalgo, SLP.
Jacinto Vázquez, de Villa de Arista, SLP.
Jaime Sandino por la fotografía de Las Antonias en la página 99.
Javier Ojeda, de Santa María, municipio de Salinas, SLP.
Jesús Socorro Cerda, de Jazminal, municipio de Saltillo, Coah.
Jonathan Medellín González, de San Cayetano de Vacas, municipio de Doctor Arroyo, NL.
José Luis Moreno, de Tula, Tamps.
José Luis Reyes, de El Peñuelo, municipio de Galeana, NL.
José Ortega, de La Corcovada, municipio de Villa Hidalgo, SLP.
José Trinidad Trujillo, de La Enramada, municipio de Moctezuma, SLP.
Juan Alvarado, de Santa María, municipio de Salinas, SLP.
Juan Gámez, de La Presita, municipio de Villa de Guadalupe, SLP.
Juan Hernández, de Cerros Blancos, municipio de Mier y Noriega, NL.
Juan Manuel de la Rosa, originario de Sierra Hermosa, municipio de Villa de Cos, Zac.
Julio Iván Cabello Díaz de León, de Villa de Ramos, SLP.
Lorenzo Vázquez, de Guadalcázar, SLP.
Lori Jones, guía de turistas de San Luis Potosí, SLP.
Luciano Campa, de La Biznaga, municipio de Villa de Guadalupe, SLP.

Lucio Cervantes, de Majoma, municipio de Mazapil, Zac.
Lucio Huerta Rivera, de Presa de Guadalupe, municipio de Guadalcázar, SLP.
Luis Felipe Palacios, de Matehuala, SLP.
Luz María Suárez de Algara, de San Luis Potosí, SLP.
Manuel Suárez, de Presa de Guadalupe, municipio de Saltillo, Coah.
Manuel Zavala Luis, de San Pedro, municipio de Venado, SLP.
Marcos Saucedo, de Noria del Castillo, municipio de Matehuala, SLP.
María de Jesús Gómez Blanco, de La Presita, municipio de Villa de Guadalupe, SLP.
Mario A. Cisneros, radicado en Monterrey, NL.
Mario Sifuentes, de La Presa, municipio de Villa de Guadalupe, SLP.
Martín Rangel Valdés, de Venado, SLP.
Mauro Lara, de Sierra Hermosa, municipio de Villa de Cos, Zac.
Miguel Ángel Camacho, de San Luis Potosí, SLP.
Modesto Vázquez, de Encarnación, municipio de Ahualulco, SLP.
Óscar Edilberto Santana, de Saltillo, Coah.
Pascual Hernández, comerciante de Lázaro Cárdenas, municipio de Tula, Tamps.
Petra Rangel Torres, radicada en San Cayetano de Vacas, municipio de Doctor Arroyo, NL.
Prudencia Guevara, de Derramaderos, municipio de Villa de Arista, SLP.
Raudel Cárdenas Duarte, de La Presita, municipio de Villa de Guadalupe, SLP.
Rosalía Carrizales Huerta, de La Presita, municipio de Villa de Guadalupe, SLP.
Rosendo Lara, de Matehuala, SLP.
Rufino Rodríguez Luis, de San Pedro, municipio de Venado, SLP.
Valeria García Rodríguez, de La Presita, municipio de Villa de Guadalupe, SLP.
Víctor Cruz, de Cedral, SLP.
Víctor Manuel Núñez, de Villa de Ramos, SLP.

También mi gratitud para la Secretaría de Cultura del Estado de San Luis Potosí por el apoyo para realizar la investigación que dio vida a este libro a través del programa de la Conmemoración del Bicentenario del Inicio de la Independencia Nacional y Centenario del Inicio de la Revolución Mexicana.

Un agradecimiento muy especial a las siguientes personas por su apoyo y conocimientos, así como por sus comentarios técnicos y su interés en este tema:

Alejandro Escudero Pumarejo, de Ciudad de México.
Begoña Garay López, arquitecta radicada en San Luis Potosí, SLP.
Bernardo del Hoyo Calzada, historiador de Zacatecas, Zac.
Francisco Javier Alvarado Segovia, cronista de Doctor Arroyo, NL.
Jaime Rodríguez, historiador y catedrático por la Universidad Autónoma de Tamaulipas
Tomás Ferrándiz, entusiasta de la historia de Matehuala, SLP.
Además, gracias a los encargados de la página en Facebook del Archivo Municipal de Saltillo.

Mención aparte, siempre, para la Dra. Patricia Grounds por su invaluable compañía y para Jorge Adame, por el gusto de andar buscando lugares que luego ni parecen existir.

Asimismo, agradezco a las personas que han visitado mis blogs por su interés en el tema de las haciendas y por sus aportaciones históricas o anecdóticas a través de los comentarios que, en cierta medida, han enriquecido este trabajo.

HTTP://MITOSYLEYENDASDEMEXICO.BLOGSPOT.MX/

y

HTTP://ADAMELEYENDAS.WORDPRESS.COM/

Y por último, al Altiplano. Para ello traduzco el extraño epígrafe de K'ij Koyot khdan Árkviachz en la página 7:

> "Altiplano, tierra inmemorial de horizontes inacababLes, tierra desértica
> para la vista, pero llena de vida. Tierra cuyos vientos narran historias,
> otro tipo de historias…".

BIBLIOGRAFÍA

Adame, Homero. *Haciendas del Altiplano – Historia(s) y leyendas. Tomo I. Grandes latifundios virreinales.* Secretaría de Cultura de San Luis Potosí, Conaculta. México. 2012. Segunda edición de 2024 disponible en Amazon.

Adame, Homero. *La ruta menos conocida de Miguel Hidalgo. Historias, anécdotas, testimonios e historia oral en el Altiplano potosino.* México, D.F.. 2010. Segunda edición de 2024 disponible en Amazon.

Alvarado Segovia, Francisco Javier. *Galeana, tierra de hacendados.* En imprenta.

Balderas Peña, Saúl. *Galeana, N.L., la trinchera del sur.* Serie "La historia y el desierto". H. Congreso del Estado de Nuevo León. 1998.

Cabrera Ipiña, Octaviano. *200 haciendas potosinas y su triste fin.* Libro inédito.

Cachero Vinuesa, Montserrat. *Geografía social y red de comunicaciones en el norte de Nueva Galicia: Mazapil (1774-1779).* Universidad de Sevilla, España.

Cerutti, Mario. *Burguesía y capitalismo en Monterrey (1850-1910).* Fondo Editorial de Nuevo León. 2006.

Favret Tondato, Rita C. *Radiografía del municipio de Arteaga, Coahuila.* Universidad Autónoma Agraria Antonio Narro. 1999.

Favret Tondato, Rita C. *Tenencia de la tierra en el estado de Coahuila.* Universidad Autónoma Agraria Antonio Narro. 1992.

Garza Martínez, Valentina y Juan Manuel Pérez Zevallos. *Las visitas pastorales de Mazapil, 1572-1856.* Zacatecas, 2007.

Haciendas Potosinas. Serie "Cuadernos del Archivo" 12. Archivo Histórico del Estado. San Luis Potosí. 2003.

Martínez Rosales, Alfonso. *Las haciendas potosinas en los caminos de San Luis en el siglo xix.* Biblioteca de Historias Potosina. Serie Cuadernos 48. San Luis Potosí, SLP. 1977.

Romero de Terreros, Manuel. *Antiguas haciendas de México.* Editorial Patria. 1956.

Salazar González, Guadalupe. *Las haciendas en el siglo xvii en la región minera de San Luis Potosí.* Universidad Autónoma de San Luis Potosí, Facultad del Hábitat. San Luis Potosí. 2000.

Saldaña de Lara, Guillermina. *Crónica de Tul*a. Instituto de Investigaciones Históricas de la Universidad Autónoma de Tamaulipas. 1991.

San Luis Potosí y la obra del ingeniero Octaviano Cabrera Hernández. Facultad del Hábitat. Universidad Autónoma de San Luis Potosí. 2000.

Textos municipales. Antología. Celso Garza Guajardo, coordinador. Universidad Autónoma de Nuevo León, Centro de Información de Historia Regional. Monterrey, N.L. 1988.

Velázquez, Primo Feliciano. *Historia de San Luis Potosí* (tres volúmenes). El Colegio de San Luis y Universidad Autónoma de San Luis Potosí. 2004.

Sitios de Internet consultados (entre abril y agosto de 2010)

Hernández Alvarado, Raymundo. "Las 500 guerrilleras porfiristas en la Batalla de Las Antonias". http://www.elregio.com/cdin/pdf/src/102009-01-28_715.pdf

http://fresnilloquerido.com/Historia.htm

http://vlex.com.mx/vid/segunda-ampliacion-geronimo-moctezuma-27938214

http://www.archive.org/stream/mxicotravsde03tomorich/mxicotravsde03tomorich_djvu.txt

http://www.archivomunicipaldesaltillo.gob.mx/.../Catalogo%2021%20pm%20ams.doc

http://www.biblioteca.tv/artman2/publish/1910_215/Carta_de_Evaristo_Madero_a_Porfirio_D_az_Tema_Para_vindicarnos_de_las_intrigas_de_nuestros_enemigos.shtml

http://www.economia.unam.mx/amhe/memoria/simposio11/Adriana%20CORRAL%20BUSTOS.pdf. Del artículo: "El crédito prebancario en San Luis Potosí. (1874 – 1884)", de Adriana Corral Bustos.

http://www.e-local.gob.mx/work/templates/enciclo/sanluispotosi/municipios/24017a.htm

http://www.e-local.gob.mx/work/templates/enciclo/zacatecas/municipios/32051a.htm

http://www.pa.gob.mx/publica/rev_34/MOISES%20FLORES.pdf. Del texto: Veinte mil leguas de viaje de un visitador agrario, de Moisés Flores Hernández.

http://www.portalzacatecas.com/page/5/?s=chichimeca

http://www.realdecatorce.net/blog/fragmentos/Coghlan

http://www.somosprimos.com/sp2002/spapr02.htm (del texto: Las haciendas, del Lic. José Alfredo Villegas Galván, Director del Archivo Histórico del Estado San Luis Potosí).

http://www.villadecos.gob.mx/Historia.html

http://www.villadecosgente.com.mx/Febrero.pdf

Rodríguez Zúñiga, J. León. http://jleonrzbustamante.blogspot.com/2008/11/132-aos-de-la-batalla-de-las-antonias.html

Bibliografía y sitios de Internet consultados (entre marzo y mayo de 2023)

Alfaro Cuevas, Martha Eugenia. "Características de las dos fábricas industriales que Jorge Unna Gerson estableció en San Luis Potosí: la primera en 1889 y la segunda en 1903". https://revistas.inah.gob.mx. 11020-Texto del artículo-21151-1-10-20170623 (2).pdf

Alvarado Rodríguez, Francisco León. *Estudio Técnico Justificativo para la Declaratoria Estatal de Área Natural Protegida de la Región de Guadalcázar, SLP.* Coordinación General de Ecología y Gestión Ambiental Gobierno del Estado de San Luis Potosí. 1997. http://201.144.107.246/InfPubEstatal2/_SECRETAR%C3%8DA%20DE%20ECOLOG%C3%8DA%20Y%20GESTI%C3%93N%20AMBIENTAL/Art%C3%ADculo%2084/Art.%2084%20Fracc.%20II.%20Marco%20normativo/%C3%81reas%20Naturales%20Protegidas%20Estatales/Reserva%20Estatal%20Real%20 de%20Guadalcazar/Estudio%20tecnico%20justificativo.pdf

Coahuila tierra anchurosa de indios, mineros y hacendados. Sidermex, 1985.

Diario Oficial de la Federación 14/03/1995. http://dof.gob.mx/nota_detalle.php?codigo=4870808&-fecha=14/03/1995

Diario Oficial de la Federación. 03/03/1981. http://www.dof.gob.mx/nota_detalle.php?codi-go=4623308&fecha=03/03/1981&print=true

Diario Oficial de la Federación. 05/03/1938. http://www.diariooficial.gob.mx/nota_to_pdf.php?fe-cha=05/03/1938&edicion=MAT

Diario Oficial de la Federación. 09/09/1980. http://dof.gob.mx/nota_detalle.php?codigo=4859393&-fecha=09/09/1980

Diario Oficial de la Federación. 10/12/1980. http://www.dof.gob.mx/nota_detalle.php?codi-go=4862408&fecha=10/12/1980&print=true

Diario Oficial de la Federación. 29/05/1986. http://www.diariooficial.gob.mx/nota_detalle.php?co-digo=4795363&fecha=29/05/1986

El Dato. Numismática de México. https://eldatonumismatico.wordpress.com/casa-de-moneda-re-al-de-catorce/

El Heraldo de San Luis Potosí. "Tu fin de semana en... hacienda La Parada". https://elheraldoS.L.P.. com.mx/2015/04/26/tu-fin-de-semana-en-hacienda-la-parada/

Exhacienda Cerro Gordo. https://www.youtube.com/watch?v=re8jgt7Yzbo

Franco Maass, Sergio y Ana María Gutiérrez Rivas. La intimidad en el territorio de una hacienda potosina. Ediciones Eón (Sin Límites) México, D.F. 2013.

http://dof.gob.mx/nota_detalle_popup.php?codigo=5166650

https://en.geneanet.org/

Jasso, Susana. "Jorge Andrés Zarzosa Garza; El brigadier. Mi destino: La independencia de Méxi-co". Boletín Del Archivo General De La Nación, 7(06), 128-130. Recuperado a partir de https://bagn.archivos.gob.mx/index.php/legajos/article/view/341

Lerner, Victoria. "Las zozobras de los hacendados de algunos municipios del oriente de San Luis Po-tosí (1910-1920)." Colmex 1896. https://historiamexicana.colmex.mx/index.php/RHM/article/view/1950

López Meléndez, Alejandro. "Los Manrique de Lara, Othón y Muriel. Vínculos de parentesco y socioeconómicos en tres familias potosinas, 1830-1910". Tesis para el grado de Doctor en Historia por el Colegio de San Luis, A.C. https://biblio.colsan.edu.mx/tesis/DH_AlejandroLopezMelen-dez.pdf

Nava Muñiz, María Concepción. *Oro, pasión y expiación*. Edición de autor. 2020.

Panorama minero del Estado de San Luis Potosí. Servicio Geológico Mexicano. 2020. http://www.sgm.gob.mx/pdfs/SAN_LUIS_POTOSI.pdf

Pérez Castañeda, Juan Carlos. "Los condueñazgos en México durante el siglo XIX". *Signos Históricos*, vol. XX, núm. 40, julio-diciembre, 2018, 178-231.

Periódico oficial del Gobierno Constitucional del Estado Libre y Soberano de Nuevo León. Mayo 4 de 1936. http://bibsrv.udem.edu.mx:8080/publications/POENL_1921-2007/1938/MAYO.pdf

Periódico oficial del Gobierno Constitucional del Estado Libre y Soberano de Nuevo León. Junio 2 de 1934. http://bibsrv.udem.edu.mx:8080/publications/POENL_1921-2007/1934/1934_JUNIO.pdf

Periódico oficial del Gobierno Constitucional del Estado Libre y Soberano de Nuevo León. Agosto 19 de 1953. http://bibsrv.udem.edu.mx:8080/publications/POENL_1921-2007/1953/1953_ENERO.pdf

Plan de reorganización de la compañía de minas denominada Restauradora del mineral de Catorce. 1851. https://dgb.cultura.gob.mx/libros/dgb/771416_1.pdf

Román Gutiérrez, Luis y Rubén Esteban Villegas Aguirre. *Inventario del Archivo del Fondo Exhacienda Majoma, Mazapil, Zacatecas.* 2019. Apoyo al desarrollo de archivos y bibliotecas de México, A.C. (ADABI) http://www.adabi.org.mx/publicaciones/400.pdf

Santana Gamboa, Óscar Edilberto. "La plata verde: el guayule en el semidesierto noreste de Zacatecas, 1905-1948". Tesis para el grado de Doctorado en Historia por la Universidad Autónoma de Zacatecas. 2014. http://ricaxcan.uaz.edu.mx/xmlui/bitstream/handle/20.500.11845/1522/%C3%93scar%20Edilberto%20Santana%20Gamboa.pdf?sequence=1&isAllowed=y

Serrano Álvarez, Pablo. *Porfirio Díaz y el Porfiriato. Cronología (1830-1915).* Instituto Nacional de Estudios Históricos de las Revoluciones de México. 2012.

Soberón Sagredo, Agustín. *Diario de Don Agustín Soberón Sagredo (1819-1873).* El Colegio de San Luis, Universidad Autónoma de San Luis Potosí, 2013.

Vázquez Esquivel, Meynardo. "Mapa topográfico. Hacienda N. S. de la Soledad" http://rac.db.uanl.mx/id/eprint/246/1/Hacienda%20de%20N.S.%20de%20la%20Soledad.pdf

Villanueva Espinoza, Marisela. "Efectos y reacciones de la Guerra de Reforma en San Luis Potosí, 1858-1861". Tesis para el grado de Maestra en Historia por el Colegio de San Luis, A.C. 2013. https://biblio.colsan.edu.mx/tesis/EspinozaVillanuevaMarisela.pdf

Villarreal Reyes, Arturo E. *El horizonte fraccionado. Las haciendas de Coahuila.* Secretaría de Cultura de Coahuila. 2014.

HACIENDAS Y/O ESTANCIAS EN EL ALTIPLANO VISITADAS

En Coahuila:

Agua Nueva, municipio de Saltillo
El Mezquite, municipio de Saltillo
Encarnación de Guzmán, municipio de Saltillo
Jazminal, municipio de Saltillo
Presa de Guadalupe, municipio de Saltillo
Punta Santa Elena, municipio de Saltillo
San Juan del Retiro, municipio de Saltillo

En Nuevo León:

Albarcones, municipio de Doctor Arroyo
Cerros Blancos, municipio de Mier y Noriega
Cruz de Costilla, municipio de Doctor Arroyo
El Canelo, municipio de Doctor Arroyo
El Carmen de Castaños, municipio de Doctor Arroyo
El Potosí, municipio de Galeana
El Tecolote, municipio de Doctor Arroyo
La Cardona, municipio de Mier y Noriega
La Hediondilla, municipio de Doctor Arroyo
La Laja, municipio de Doctor Arroyo
La Soledad, municipio de Aramberri
Las Catorce, municipio de Doctor Arroyo
Las Margaritas, municipio de Aramberri
Los Medina, municipio de Doctor Arroyo
Nopalillos, municipio de Doctor Arroyo
Peñuelo, municipio de Galeana
Puerto del Aire, municipio de Doctor Arroyo
San Cayetano de Vacas, municipio de Doctor Arroyo
San Francisco de Berlanga, municipio de Aramberri
San Isidro de Berlanga, municipio de Galeana
San Isidro de Fernández, municipio de Doctor Arroyo
San Isidro de González, municipio de Galeana
San Jorge, municipio de Galeana
San José de Raíces, municipio de Galeana
San Miguel de los Aguirres, mpio. de Doctor Arroyo
San Pedro de González, municipio de Doctor Arroyo (también conocida como San Pedro de Rueda)
Santa Gertrudis, municipio de Doctor Arroyo

En San Luis Potosí:

Bocas, municipio de San Luis Potosí
Buenavista, municipio de Guadalcázar
Carbonera, municipio de Matehuala
Cerritos de Bernal, municipio de Santo Domingo
Charquillo, municipio de Venado
Coronado, municipio de Venado
Cruces, municipio de Moctezuma
Del Blanco, municipio de Cedral
Derramaderos, municipio de Villa de Arista
El Caballo, municipio de Cedral
El Carrizal, municipio de Cedral
El Clérigo, municipio de Venado
El Epazote, municipio de Venado
El Huizache, municipio de Guadalcázar
El Huizache, municipio de Matehuala
El Indio, municipio de Catorce
El Malacate, municipio de Villa de Ramos
El Pinto, municipio de Guadalcázar
El Potrero, municipio de Catorce
El Progreso, municipio de Cedral
El Refugio, municipio de Charcas
El Salado, municipio de Vanegas
El Sotol, municipio de Cedral
El Tepeyac, municipio de Ciudad del Maíz
El Zacatón, municipio de Villa de Ramos
Elorza, municipio de Charcas
Estancia de Santa María, municipio de Catorce
Guadalupe el Carnicero, municipio de Catorce
Guanamé, municipio de Venado
Guayulera, municipio de Cedral
Hacienda de Guadalupe, municipio de Villa de Ramos
Illescas, municipio de Santo Domingo
Jesús María, municipio de Cedral
La Boca, municipio de Villa de la Paz
La Cocinera, municipio de Villa de Ramos
La Concepción, municipio de Cedral
La Corcovada, municipio de Villa Hidalgo
La Enramada, municipio de Moctezuma
La Góngora, municipio de Charcas
La Herradura, municipio de Villa de Ramos

La Luz Paralizada, municipio de Cedral
La Luz, municipio de Cedral
La Luz, municipio de Charcas
La Pastoriza, municipio de Matehuala
La Poblazón, municipio de Catorce
La Presa, municipio de Villa de Guadalupe
La Presita, municipio de Villa de Guadalupe
La Tapona, municipio de Guadalcázar
La Tapona, municipio de Villa Hidalgo
La Trinidad, municipio de Venado
La Victoria, municipio de Cedral
Labor de la Cruz, municipio de Charcas
Laguna Seca, municipio de Charcas
Las Maravillas, municipio de Matehuala
Los Charcos, municipio de Charcas
Los Cisneros, municipio de Catorce
Los Martínez, municipio de Matehuala (también se le conoce como San José de la Peña)
Los Patos, municipio de Matehuala
Mingolea, municipio de Charcas
Morterillo, municipio de Moctezuma
Norias del Conde, municipio de Guadalcázar
Peñón Blanco, municipio de Salinas
Peotillos, municipio de Villa Hidalgo
Pozas de Santa Ana, municipio de Guadalcázar
Pozo de Acuña, municipio de Guadalcázar, SLP.
Pozo del Carmen, municipio de Armadillo
Presa de Guadalupe, municipio de Guadalcázar
Presa de Santa Gertrudis, municipio de Charcas
Punteros, municipio de Salinas
Rincón del Molcajete, municipio de Villa Hidalgo (también se le conoce como El Molcajete o Rincón del Refugio)
San Agustín de los Amoles, mpio. de Guadalcázar
San Antonio de Rul, municipio de Moctezuma
San Eustaquio, municipio de Venado
San Francisco del Tulillo, municipio de Guadalcázar
San Francisco, municipio de Charcas
San Francisco, municipio de Villa de Guadalupe
San Gabriel, municipio de Cedral
San Ignacio, municipio de Guadalcázar
San José de Ipoa, municipio de Matehuala
San José de la Punta, mpio. de Villa de Guadalupe
San José de la Troje, municipio de Matehuala
San José El Saladillo, municipio de Villa de Ramos
San Juan de Banegas, municipio de Vanegas
San Judas, municipio de Villa de Guadalupe
San Pablo, municipio de Cedral
San Pedro, municipio de Guadalcázar
San Pedro, municipio de Venado
Santa Isabel, municipio de Villa de Guadalupe
Santa María de la Paz, municipio de Moctezuma
Santa María, municipio de Salinas
Santa Rita del Rucio, municipio de Guadalcázar
Santa Teresa, municipio de Ahualulco
Santo Domingo, municipio de Guadalcázar
Silos, municipio de Villa Hidalgo
Solís, municipio de Villa de Guadalupe
Tanque Colorado, municipio de Moctezuma
Tanque de Dolores, municipio de Catorce
Vallejo, municipio de Villa de Guadalupe
Venta del Carmen, municipio de Villa de Arista

En Tamaulipas:

Calabacillas, municipio de Bustamante
Cerro Gordo, municipio de Tula
El Buey, municipio de Tula
La Viga, municipio de Tula
Las Antonias, municipio de Bustamante
Los Charcos, municipio de Tula

En Zacatecas:

Agua Buena, municipio de El Salvador
Bañón, municipio de Villa de Cos
Bonanza, municipio de Mazapil
Calabazal, municipio de Mazapil
Castañón, municipio de Mazapil
Cedros, municipio de Mazapil
Compostela, municipio de Melchor Ocampo
Concepción de la Norma, municipio de Mazapil
El Carro, municipio de González Ortega
El Picacho, municipio de Mazapil
Espíritu Santo, municipio de Pinos
Gruñidora, municipio de Mazapil
Guadalupe de las Corrientes, municipio de Villa de Cos
Ifigenia, municipio de Mazapil
Guadalupito, municipio de Mazapil
Jazminal, municipio de Mazapil
Majoma, municipio de Mazapil
Palula, municipio de Mazapil
Pozo Hondo, municipio de Villa de Cos
San Antonio de Triana, municipio de Villa de Cos
San Elías de la Cardona, municipio de Mazapil
San Tiburcio, municipio de Mazapil
Santiago, municipio de Pinos
Sierra Hermosa, municipio de Villa de Cos
Sierra Vieja, municipio de Villa de Cos
Tacoaleche, municipio de Guadalupe
Trancoso, municipio de Guadalupe

Índice de haciendas incluidas en el libro *Haciendas del Altiplano – Historia(s) y Leyendas. Tomo I. Grandes latifundios virreinales*:

- **Albarcones,** municipio de Doctor Arroyo, Nuevo León.
- **Bocas,** municipio de San Luis Potosí, SLP.
- **Carbonera**, municipio de Matehuala, SLP.
- **Cedros**, municipio de Mazapil, Zac.
- **Cruces**, municipio de Moctezuma, SLP.
- **El Carro**, en la cabecera municipal de Villa González Ortega, Zacatecas.
- **El Potosí**, municipio de Galeana, Nuevo León.
- **El Salado**, municipio de Vanegas, SLP.
- **Espíritu Santo**, municipio de Pinos, Zacatecas.
- **Guanamé**, municipio de Venado, SLP.
- **Illescas**, municipio de Santo Domingo, SLP.
- **La Boca**, municipio de Villa de la Paz, SLP.
- **La Soledad**, municipio de Aramberri, Nuevo León.
- **Laguna Seca**, municipio de Charcas, SLP.
- **Peñasco**, municipio de San Luis Potosí capital.
- **Peotillos**, municipio de Villa Hidalgo, SLP.
- **Pozo del Carmen**, municipio de Armadillo, SLP.
- **Punteros**, municipio de Salinas, SLP.
- **San Agustín de los Amoles**, municipio dc Guadalcázar, SLP.
- **San Juan de Vanegas**, municipio de Vanegas, SLP.
- **San Tiburcio**, municipio de Mazapil, Zacatecas.
- **Santiago**, municipio de Pinos, Zacatecas.
- **Sierra Hermosa**, municipio de Villa de Cos, Zacatecas.
- **Solís**, municipio de Villa de Guadalupe, SLP.

OTRAS OBRAS DEL AUTOR, DISPONIBLES EN AMAZON

El pueblo festivo. Cuernavaca, Morelos, 2024. Novela.

Mitos y leyendas del norte de México. CdMx. 2024.

Plantas medicinales del noreste mexicano (coautor). SMA, Gto. 2024.

Mitos y leyendas de Nuevo León. SMA, Gto. 2024.

Judíos ashkenazitas en San Luis Potosí: Las familias (coautor). 2da. edición: SMA, Gto. 2024.

Casa Europa México. Historia de la casa desde la memoria de los sanmiguelenses. 2da. edición: SMA, Gto. 2024.

Creencias, mitos y leyendas de animales. 2da. edición: SMA, Gto. 2024.

Misterios - leyendas de San Luis Potosí. 2da. edición: SMA, Gto. 2024.

Haciendas del Altiplano. Historia(s) y leyendas. Tomo I. Grandes latifundios virreinales. 2da edición: SMA, Gto. 2024.

La ruta menos conocida de Miguel Hidalgo. Historia oral en el Altiplano potosino. 2da. edición: SMA, Gto. 2024.

Mitos y leyendas de huachichiles. 2da. edición: SMA, Gto. 2024.

Catorce voces por un real. 2da. edición: SMA, Gto. 2024.

Haciendas del Altiplano. Historia(s) y leyendas. Tomo II. De la Independencia a la Revolución. 2da. edición: CdMx. 2023.

Mitos, relatos y leyendas de todo San Luis Potosí. 2da. edición: SMA, Gto, 2023.

Mitos, cuentos y leyendas de Nuevo León. Regiones Citrícola y Sur. Guadalajara, Jal. 2022.

www.ingramcontent.com/pod-product-compliance
Lightning Source LLC
LaVergne TN
LVHW060338200726
843506LV00008B/542
9786072933767